Antología

JUAN L. ORTIZ

Prólogo de
Daniel Freidemberg

Ortiz, Juan L.
Antología. - 1ª ed. 1ª reimp. - Buenos Aires: Losada, 2012.
- 264 p.; 19 x 12 cm. (Aniversario; 77).

ISBN 978-950-03-9733-9

1. Poesía Argentina. I. Título.
CDD A861

Colección Aniversario
1ª edición, 1ª reimp.: abril de 2012

Moreno 3362, Buenos Aires, Argentina
Tels. 4373-4006 / 4375-5001
www.editoriallosada.com.ar

Tapa: Peter Tjebbes
Maquetación: Taller del Sur

ISBN 978-950-03-9733-9
Queda hecho el depósito que marca la ley 11.723
Libro de edición argentina
Impreso en la Argentina - *Printed in Argentina*

Índice

Prólogo

El álamo y el viento, El junco y la corriente, La orilla que se abisma. La presencia que la naturaleza y el paisaje tienen en la poesía de Juan L. Ortiz se nota en los títulos de varios de sus libros, así como en los de muchos poemas: "Hay entre los árboles...", "La ribera", "Colinas, colinas...", "Las 4 de una tarde de invierno", "El aguaribay florecido", "Gualeguay", "Un grillo en la noche", "Al Paraná". Como lo dan a entender ciertas menciones –"aguaribay", "Paraná"–, ese paisaje tiene un nombre, Entre Ríos, la provincia natal del autor: desde el principio al fin, a lo largo de su obra, puede decirse que Ortiz es un poeta del paisaje, e incluso del paisaje entrerriano, siempre que eso no lleve a ubicarlo en algún regionalismo literario o entre los meros cantores de bellezas bucólicas. Si la suya es una obra tan importante como seguramente es, esto se debe a la singular recreación que su mirada hace del paisaje, a la búsqueda espiritual que su pensamiento lleva a cabo en el escenario rural entrerriano (y muy ocasionalmente en otros, como China), al sistema de ideas que ese pensamiento pone en juego y que implica una suerte de filosofía propia, y, quizá más que a cualquier otra cosa, a la extraordinaria belleza verbal que la escritura de Ortiz pudo concretar en el despliegue de su incansable búsqueda.

Tan personal e irreductible es esa tentativa que no hay modo de situarla bien en el marco de las poéticas vigentes antes, durante y después de los años en que Ortiz escribió, ni hay otro poeta con el que se le pueda establecer un parentesco ("no creemos que tenga antecedentes reconocibles en nuestra literatura, ni que entronque en ninguna de las líneas de nuestra tradición poética", advierte Hugo Gola), y acaso algo tenga que ver tanta singularidad con las condiciones concretas en las que llevó a cabo su aventura literaria, o, para decirlo más directamente, con su vida. El hecho de que, durante los 82 años que vivió, fueron pocas las veces en que Ortiz salió de su provincia, difícilmente pueda considerarse un dato más si se mira su peculiar proyecto poético. Teniendo en cuenta que nunca dejó de estar actualizado en sus lecturas ni de mantener contactos con otros poetas de la Argentina y del mundo, carecen de credibilidad los rótulos de "marginal", "excluido" o "solitario" con que muchas veces fue presentado: si, efectivamente, es solitaria su obra en el contexto de la poesía argentina, lo es como consecuencia de la propuesta a la que debe su nacimiento, y que para llevarse a cabo evidentemente necesitaba tener como marco un determinado escenario geográfico y, dentro de él, un estilo de vida.

Juan Laurentino Ortiz nació en 1896 en Puerto Ruiz, una pequeña población cercana a Gualeguay, adonde pasó a residir con su familia desde 1906, y donde publica en 1912 sus primeros poemas esporádicos radicales y anarquistas. Un año después viajará a Buenos Aires, donde contacta con otros poetas, publica poemas en revistas y tiene un decisivo encuentro con la poesía de Juan Ramón Jiménez. A su regreso a Gualeguay en 1915, no sin un previo y breve viaje a Marsella en un barco de carga, Ortiz entra a trabajar en una dependencia municipal en la que permanecerá hasta jubilarse en 1942. En Gualeguay, también, funda en 1917 un grupo de "Amigos de la Revolución Soviética" y en 1924 se casa con Gerarda Irazusta, con quien vivirá hasta su muerte. Instado por su coprovinciano Carlos Mastronardi, en 1923 comienza a seleccionar entre la ya vasta cantidad de poemas que tiene escritos los que conformarán su primer libro, *El agua y la noche*, publicado en 1933, cuando ya tiene 37 años. Le seguirán en 1937 *El alba sube...* y luego otros ocho libros entre 1938 y 1958: *El ángel inclinado, La rama hacia el este, El álamo y el viento, El aire conmovido, La mano infinita, La brisa perfumada, El alma y las colinas* y *De las raíces y del cielo*. Sin excepción, son todos libros editados por el autor, en tiradas de pocos ejemplares: recién Ortiz llegará a las librerías de todo el país cuando en 1970 la Biblioteca Vigil de Rosario lance los tres tomos de *En el aura del sauce*, que incluye los diez libros anteriores y tres inéditos, *El junco y la corriente, El Gualeguay* y *La orilla que se abisma*. Para entonces, Ortiz vivía ya en Paraná, la capital provincial, adonde se había mudado al jubilarse y donde colaboraba con diarios de Entre Ríos y de la vecina provincia de Santa Fe, a cuya capital ocasionalmente viajaba para encontrarse con otros escritores y artistas. Salvo un viaje de dos meses por China y Europa Oriental y unas pocas conferencias que ofreció en Buenos Aires, serían ésas las únicas salidas que durante décadas Ortiz hizo de Paraná, donde falleció en 1978.

La enorme repercusión que *En el aura del sauce* tuvo en el momento de su aparición se vio en parte frustrada cuando el régimen militar iniciado en 1976 quemó los ejemplares que quedaban en la editorial. Salvo a través de un par de antologías, la obra de Ortiz permaneció casi inhallable hasta que en 1996 la Universidad Nacional del Litoral publicó su *Obra completa*. Además de *En el aura del sauce*, a lo largo de 1120 páginas el volumen contiene once poemas no incluidos en esa compilación, artículos y comentarios aparecidos en diarios y revistas, cartas y lo que el editor de la *Obra completa*, Sergio Delgado, llamó "Protosauce": casi sesenta poemas contemporáneos de *El agua y la noche* que habían quedado fuera de aquella primera selección.

Recorrer esa obra y cotejarla con la biografía del poeta permite conjeturar que Ortiz intuyó desde un principio cuál era su rumbo poético, y en ese rumbo se mantuvo de un modo en el que prácticamente ningún otro poeta moderno puede comparársele, no ciertamente como quien reitera infinitamente un repertorio de temas, preocupaciones y fórmulas, sino profundizando y haciendo cada vez más lo que aparecía en su primer libro, *El agua y la noche*, de 1924. Como si lo que lo moviera fuera una inquietud básica que lo llamara a avanzar cada vez más, al punto que le resultara necesario dedicarle toda su vida. Si hubiera que definir cuál era esa inquietud acaso alcancen a sintetizarla ciertos tramos de muchos poemas suyos, por ejemplo éste, perteneciente a *El aire conmovido* (1949): "*Sobre la tristeza humilde, / profunda, / de estos campos, / a pesar de su gracia, / cantemos. / Con todas las criatu-*

ras / y las cosas; / con las criaturas / ligeramente más agobiadas / –¿por qué sueño de sangre?– / cantemos. / Cantemos con los animales / –ay, los pájaros sin rama / cuando el aire es de pájaros, / celestemente ebrio!– / Cantemos con los animales / y las cosas; / con los animales misteriosos y claros / y las cosas misteriosas y claras; / y las aguas visibles y secretas, / que también esperan, / cantemos". O bien, en un poema de *El álamo y el viento* (1948): *"Oh, arder en el amor de la tierra y de sus criaturas, de su criatura, / arder en la nostalgia de la total relación, / ser atentos, completamente atentos, / a los cuidados cambiantes y a veces paradojales del amor, / en la llama decisiva quemarse si ella estalla, / y pasar también, por fin, al aire de los paisajes y las almas, / como un fuego sutil que abra siempre para los desconocidos / que miren temblar las hierbas o se encuentren frente a su destino, / el cielo, el cielo, puro y misterioso del canto..."*

Siempre *atento, completamente atento a los cuidados cambiantes y a veces paradojales del amor,* dispuesto sin reservas a *arder en el amor de la tierra y de sus criaturas,* esa fidelidad a una actitud primera dio por resultado una de las obras más homogéneas y más profundamente coherentes de la poesía moderna, pero si esto se produjo es porque, como señala Juan José Saer, la poderosa "autonomía" que tiene la obra de Ortiz responde a que "no ha sido solamente un hecho artístico, sino también un estilo de vida, una preparación interna al trabajo poético, una moral". Más allá de que, a lo largo de la historia de la poesía moderna, muchos hayan enarbolado la consigna de "poesía como modo de vida" o "vivir poéticamente", lo cierto, lo verificable, es que la obra de Ortiz está concreta y estrechamente ligada a un modo de vivir –un verdadero estilo vital, podría decirse– que el poeta ejerció en cada uno de sus actos, con una dedicación extrema, como si la vida toda fuera un constante acto de creación. De ahí también cierta inconfundible "imagen de poeta" que en Ortiz pudo configurarse y en buena medida acompaña el conocimiento de sus poemas.

Con su letra pequeñísima, al igual que la tipografía que reclamaba a los imprenteros, con sus gatos y sus mates, en torno de Ortiz se ha ido constituyendo una leyenda en la que encajan armónicamente tanto sus libros como su imagen y su pensamiento. Numerosas fotos lo muestran con su boquilla larga y finísima, su largo cabello revuelto y su bigotito, todo fragilidad y delgadez. Los relatos cuentan de un anciano muy amable y de la suerte de encantamiento al que se accedía mediante su conversación. La leyenda de Ortiz habla de un poeta apaciblemente asentado en su refugio provinciano, y suele tenerse en la imagen de una casita frente a las barrancas del río, a la que dos generaciones convirtieron en lugar de peregrinación, como si conocer a Ortiz fuera un paso imprescindible en la formación de un escritor o un poeta, y en algunos casos –Hugo Gola, Alfredo Veiravé, Juan José Saer y Francisco Urondo, sobre todo– puede decirse que así ocurrió efectivamente.

De la frecuentación y la leyenda quedó la instauración del sobrenombre familiar, "Juanele", con el que hoy se identifica inmediatamente al poeta, pero mucho más importante que la figura del poeta –por más atractiva, singular y bella que sea, como efectivamente ésta es– son, sin duda, sus textos, y los de Ortiz tienen en la literatura argentina la presencia que corresponde a un verdadero clásico, y poco a poco empiezan a tenerla en el mundo, sobre todo en el de lengua castellana, a medida que sus poemas van superando las dificultades de difusión que suelen acompañar a obras como la suya, tan íntimas y poco estridentes, tan necesitadas de una lectura amorosamente atenta y de un lector capaz de entregarse a la serena fruición de las imágenes y las palabras.

El aura en las palabras

Probablemente un eficaz modo de acceder a la propuesta de Juan L. Ortiz sea a partir del título que eligió para su obra entera, a la que consideraba como un solo gran libro: *En el aura del sauce*. El sauce, una imagen frecuente en la pintura china, a la que por muchos motivos la poesía de Ortiz puede vincularse –y a la cultura china en general–, es también un árbol típico de las riberas de los ríos y arroyos de Entre Ríos, y es a la vez un árbol de aspecto humilde, nada altivo, como la disposición que rige la escritura orticiana y su visión del mundo, pero además es un árbol entre cuyas temblorosas ramas corre un aura, es decir un vientecillo, un aliento, que pasa leve y apenas perceptible como fluyen, extrañamente delicados, los versos de Ortiz.

Claro que también a la palabra "aura" se le suele dar el sentido de halo luminoso, resplandor sagrado, y, efectivamente, una reverberación difusa y con algo de milagro envuelve en esta poesía a la mayor parte de los objetos, sobre todo los más humildes, y es en esa aura donde esta poesía quiere operar. La apuesta es escribir como se vive, y no hay para Ortiz otro modo aceptable de vivir que hacerlo envuelto en el indefinible misterio de lo más sencillo e inmediato, devotamente atento a ese misterio: "*Un grillo, sólo, que late el silencio. / A su voz se fijan / los resplandores / errátiles / de las estrellas / que tienden hilos vagos / al desvelo / de las flores, las hierbas, los follajes? / O es una tenue voz aislada / junto al arpa que forman esos hilos / y que hace cantar la noche / con su último canto / secreto?*"

No hay sólo, por lo tanto, una atención humildísima a la naturaleza y el paisaje, sino una tarea espiritual activa. Si entre los libros de Ortiz hay títulos como *El ángel inclinado, El alma y las colinas* o *De las raíces y del cielo,* es porque lo que se persigue es el encuentro amoroso de la naturaleza y el espíritu, una religiosidad panteísta, la desaparición de los límites entre el sujeto y el mundo, "*arder en la nostalgia de la total relación*". De ahí vendría la extrema coherencia que ofrece casi a primera vista esta poesía, su originalidad, aquello que la vuelve inconfundible (un vocabulario, un imaginario, una temática, un cuerpo de obsesiones e ideas), de una unidad profunda, resultante de una visión del mundo que en Ortiz es también una concepción de la poesía: sería inútil cualquier intento de describir una poética de Ortiz que no se refiera a la vez a una ética y una actitud ante lo existente. Esa actitud se presenta en primer lugar en su dimensión estética ("*Hay un tierno azoramiento de sueños evaporados, / y muy tenue, / que da un valor ya floral a las casi-*

tas blancas, / una suavidad de rosas a la arena de la calle..."), pero la necesidad de belleza a la que parece responder su escritura –quizá la más refinada de toda la literatura argentina– nunca es sólo una necesidad estética. "La poesía no es poesía del concepto ni de la belleza por la belleza misma", escribe Oscar del Barco en su libro sobre Ortiz. Más bien, su tentativa podría sintetizarse como la cuidadosa puesta en palabras de sensaciones, visiones e inquietudes que estarían demandando la voz del poeta para manifestarse, en un proceso de inacabable re-ligación entre el pensamiento –es decir, la palabra– y el universo: "los años y el estudio y la experiencia, sobre todo la experiencia, la experiencia poética, la experiencia humana, la experiencia íntima, me han permitido dar algún esbozo de forma a mis relaciones frente al mundo, frente a las cosas, frente al paisaje con todos los elementos que lo constituyeran, ambicionando para la poesía la mayor flexibilidad de movimientos y la mayor amplitud de sentido, sin desmedro, claro está, del necesario ritmo y de la necesaria ligereza", explica Ortiz en unas "Notas autobiográficas" de 1973.

El ajuste entre la temática, la actitud espiritual y el lenguaje es preciso e indiscernible en Ortiz, quizá más que en cualquier otro poeta argentino. Leer su poesía es oír mentalmente su música y percibir sus visiones, pero también es ingresar en un modo de ver, pensar y sentir. Se podría hablar de una filosofía "orticiana", encarnada en los poemas y a veces expuesta en ellos. Se trata, en todo caso –y Ortiz declaró en diversas entrevistas– de un pensamiento extremadamente elaborado en el que tienen cabida desde Bergson y las religiones orientales hasta los mitos de los indios americanos, los anarquistas, Heidegger, Rilke, el marxismo y la física cuántica.

Algo tuvo que ver esa singular alquimia con el "descubrimiento" de Ortiz por poetas más jóvenes en la década del 60, cuando empieza a ser visto como un paradigma, un modelo a seguir: mayoritariamente identificados con ideas de izquierda, los jóvenes hallaron en Ortiz al maestro que mejor que nadie había sido capaz de articular un compromiso político con un lirismo extremo, una escritura sutil y hasta exquisita, un muy vasto patrimonio de referencias culturales y una intensa espiritualidad. Pero, a diferencia de otros poetas de izquierda contemporáneos suyos, como Pablo Neruda o su amigo Raúl González Tuñón, Ortiz nunca concibió a la poesía como instrumento de lucha ni la subordinó a un fin político, e incluso son pocos en su obra los poemas cuya temática sea específicamente política, y en éstos lo político aparece siempre integrando un sistema de preocupaciones más vasto, o quizá habría que decir más íntimo o esencial. Aparece, sobre todo, de dos maneras: como esperanza en una utopía redentora y religadora, superadora de dolorosas desavenencias, y como una suerte de estremecida y nunca abstracta ni retórica compasión ante el concreto dolor de los seres humanos, en particular los más pobres, y de los seres vivos en general, privados precisamente por ese dolor de participar de la armonía de relaciones a que el poeta aspiraba y de cuya evocación o recreación se alimenta en lo fundamental su obra.

Esta constante preocupación "humanitaria" o "social" en Ortiz se basa en que, según Saer, su práctica poética "tenía como objetivo el tratamiento de un tema mayor, del que toda su obra es una serie de variaciones: el dolor, histórico o metafísico, que perturba la contemplación y el goce de la belleza, que para esta poesía es la condición primera del mundo". Sin duda, la contemplación y el goce de la belleza es la condición primera del mundo que construye su poesía, gran parte de cuya riqueza y densidad, además, se deben a la tensión que instaura la presencia del dolor perturbando el goce estético o espiritual, contrapesándolo y así haciéndolo más complejo y tangible, quizá como su contracara necesaria *("Sí, las rosas / y el canto de los pájaros. / Toda la hermosura del mundo, / y la nobleza del hombre, / y el encanto y la fuerza del espíritu. / Sí, la gracia de la primavera, / las sorpresas del cielo y de la mujer. / ¿Pero la hondura negra, el agujero negro, / obsesionantes?")*. Sin embargo, el carácter definitorio que Saer da al tema del dolor no puede verificarse en toda la obra de Ortiz, e incluso en muchos poemas, sobre todo en los primeros y los últimos, el dolor está más bien presente como un eco lejano, a veces hasta imperceptible, desplazado o apenas incorporado como un matiz por la asombrada celebración de lo existente, la recreación en palabras de aquello que de milagrosa revelación tiene el encuentro de la sensibilidad con el mundo.

Cuando también Saer halla en Ortiz "un deslumbramiento ante la proliferación enigmática de materia que llamamos mundo", conviene notar el doble rostro del adjetivo "enigmático": por un lado, no se sabe qué es eso que se presenta ante los ojos, no se lo puede precisar ni encuadrar, e incluso se celebra esa irreductibilidad asombrosa, y, por el otro, eso que está ahí y que siempre resulta en gran medida inaferrable es, a la vez, muy significativo, tiene algo de promesa y de llamado, de rumbo a seguir. En ese aspecto, precisamente, la poesía de Ortiz –que reconoció su deuda con los simbolistas belgas, particularmente con Maeterlinck– puede ser considerada "simbolista": en su disposición a descubrir en el paisaje, como lo señaló en una entrevista, "todas las dimensiones de lo que lo trasciende o de lo que, diríamos así, lo abisma". Cada cosa –un grillo, un amanecer, el canto de una paloma, unas hierbas, algunos hombres que regresan del trabajo, un gatito, el rocío, un niño tiritando bajo la lluvia– adquiere una dimensión trascendente, inexplicable y necesaria, y la visión del paisaje y de sus seres es un universo de correspondencias a cuyas vibraciones la escritura parece obedecer *("El jacarandá, acaso, no se parece a una jovencita / sobre la orilla de sus venas? / Una jovencita, verdad? que se eterniza y se eterniza, / aunque transpareciendo / muy fluidamente / unos secretos de rosa en unos secretos azules / hasta la intimidad, apenas, / de un misterio que no llega a posarse, / que, a pesar de ella, fugitivamente, la viste...")*. Un universo en el que, por otra parte, no sólo el paisaje, los seres vivos y los objetos adquieren significación, sino también –aunque más esporádicamente– la música de Wolfgang A. Mozart, Johannes Brahms y Claude Debussy, la literatura de Marcel Proust, Jean Cocteau y Henri Michaux o la poesía de Li-Po y John Keats, de Arthur Rimbaud, Stéphane Mallarmé y E. E. Cummings.

"Apenas si somos agentes de una voluntad de expresión y de ritmo que está en la vida, en la vida de todos, en la vida del mundo y de las cosas": con esas palabras sintetizaba Ortiz su tentativa en sus "Notas autobiográficas", y todo en sus versos parece obedecer con un infinito cuidado al cumplimiento de esa misión: la selección de cada palabra y cada signo de puntuación, el ritmo, la versificación, siempre buscando la mayor delicadeza posible, siempre apostando a la sugerencia, hasta constituir un estilo irrepetible.

Ya era irrepetible, altamente personal, en los primeros poemas, que aparecen distantes de cualquier poética anterior, tanto al menos como los de sus coetáneos, los por entonces vanguardistas Jorge Luis Borges, Oliverio Girondo o González Tuñón (que, en realidad, eran algunos años menores). Es cierto que, a diferencia de éstos, en la poesía juvenil de Ortiz no se encuentran las más notorias características "generacionales" –el escenario urbano, la actitud desafiante y desenfadada, el vértigo de la vida moderna–, si bien varios poemas de *El agua y la noche* presentan rasgos ultraístas *("La noche murmura como una arboleda / invisible. / Música de grillos, / sutilmente agria, / tan numerosa que es urdimbre tenue.")*. Pero ya entonces Ortiz utiliza exclusivamente el verso libre, de métrica irregular y sin rima, como seguirá haciéndolo siempre, con la sola excepción de tres sonetos, únicas composiciones con formas regulares que aparecen en su *Obra completa*, y que el autor no incluyó en su edición de *En el aura del sauce*.

Integrado en su mayor parte por poemas breves, por lo general compuestos de versos cortos o cortísimos *("El otoño, / con manos / diáfanas / y / brillantes, / está abriendo / un azul purísimo / que moja el paisaje /*

de una delicia / trémula, / primaveral."), ya en *El agua y la noche* están presentes, o al menos esbozados, la actitud, el lenguaje y las preocupaciones que distinguen al conjunto de la producción del autor. En una obra muy marcada por la insistencia y la recurrencia, el estilo de Ortiz desarrolla, se define y se afirma por expansión y complejidad de ese núcleo inicial, a través de diversas variantes. Así transita del poema muy breve y concentrado al poema–libro *(El Gualeguay)*, o de la frase nítida y lineal de los primeros libros a la frase muy larga e intrincada de los últimos. Y del mismo modo, de la columna vertical de versos breves llega a la apariencia de prosa que adopta el verso largo en esa suerte de subgénero típicamente orticiano, denominado por Saer "lírica narrativa", iniciado con el poema "La casa de los pájaros" en *El álamo y el viento* (1947) y que tiene su mayor expresión en *"Gualeguay"* (incluido en *La brisa profunda,* de 1954), donde, a lo largo de quinientos ochenta y seis versos, y presentándola como un homenaje a la ciudad de su infancia y juventud, el poeta traza una suerte de autobiografía que a su manera también es una búsqueda del tiempo perdido.

La culminación de todo ese proceso son los tres últimos libros, *El junco y la corriente*, *El Gualeguay* y *La orilla que se abisma*, sobre todo el último, y los rasgos más marcados de esa etapa se dan en el modo de cortar los versos sin interrumpir la fluencia de la oración y de disponerlos en el espacio, tal como lo describe Roberto Retamoso al hablar de "la línea discursiva que recorre en su desarrollo moroso –y aquí la morosidad es un efecto de lectura que produce la complejísima sintaxis del texto– la infinidad de versos irregulares que se despliegan desplazando sus posiciones de un lado a otro de la página", en una operación bastante semejante a la que lleva a cabo Pound en Los *cantares y cuyo* más evidente modelo parece ser Mallarmé con su Golpe de dados...

Me has sorprendido, diciéndome, amigo,
que "mi poesía"
debe de parecerse al río que no terminaré nunca,
[nunca, de decir...

Oh, si ella
se pareciese a aquel casi pensamiento que accede
hasta latir
en un amanecer, se dijera, de abanico,
con el salmón del Ibicuy...:
sobre su muerte, así;
abriendo al remontarlo, o poco menos, las aletas
[del día...

(La orilla que se abisma)

No sólo en las ideas implícitas o explícitas que la animan, sino también en el estilo, difícilmente haya poesía más carente de taxatividad o autoritarismo que la de Ortiz, con su abundancia de comillas y diminutivos, su peculiar modo de utilizar los signos de interrogación, sus relativizadoras inserciones adverbiales ("más bien", "se diría", "quizá", "si se quiere", "es cierto"), sus maneras de presentar múltiples alternativas a las afirmaciones u observaciones, su recurrencia a los puntos suspensivos cada vez más frecuente. "Ninguna obra más alejada que ésta de ser el producto de una voz fuerte que genera una lectura identificatoria", escribe al respecto Tamara Kamenszain, para hacer notar que la fortaleza de Ortiz "consiste más bien en un encuentro con la debilidad" y que al fin y al cabo *En el aura del sauce* puede verse como el resultado de "años de trabajo paciente para despojar a la poesía de sus corazas e instalarla en ese lugar desolado ('a la intemperie sin fin') donde habita lo que no tiene más objeto que el de sus propias carencias".

A eso se refiere Hugo Gola cuando señala que "Ortiz se esmeró por restarle gravedad a la lengua, por aliviarla de todo peso". El modo en que, por ejemplo, al colocar palabras o frases entre comillas, relativiza lo que dice, lo deja un poco en estado de cita y lo carga de temblorosa indecisión, así como su proclividad hacia los diminutivos, la notoria preferencia por la vocal "i", el estado de suspensión en que suele dejar las frases –y no sólo mediante la recurrencia a puntos suspensivos–, la presencia del modo potencial o bien los signos de interrogación gracias a los cuales las afirmaciones terminan convirtiéndose en trémulas preguntas, parecen surgidos de un temor radical a la posibilidad de una lengua obnubiladora, impositiva o enajenante. Es en esa dirección en la que, como apunta Gola, Ortiz "eliminó las estridencias, apagó los sonidos metálicos, multiplicó las terminaciones femeninas, disminuyendo la distancia entre los tonos, aproximándose al murmullo".

Claro que, tanto como una prevención o más, esta actitud implica un profundo respeto a la lengua. Así como a las señales provenientes de los hombres y del paisaje, amorosa y escrupulosamente, Ortiz atiende a las resonancias de las palabras, sus íntimas razones de ser. No hay en su escritura nada de ingenuidad –como tampoco es ingenua su apertura al mundo– sino una suerte de encuentro amoroso con una materia que se siente tan íntima y cercana como irreductible y ajena, sin jamás forzarla y entendiendo que esa materia verbal tiene sus razones propias, o, más bien, su propio modo de hacerse cargo de aquellas necesidades por las que surge el poema, o la escritura en general.

No hay palabra en la poesía de Ortiz, podría decirse, que no diga siempre "algo más" de lo que significa habitualmente, lo que se acentúa con el uso del entrecomillado, pero ese "decir algo más" implica exactamente lo opuesto a cualquier culto del poder de las palabras. Lo singular, o al menos un rasgo que aparta mucho a la poesía de Ortiz de la de sus compañeros de generación y de la mayor parte de la que vino después, es que, a la vez, no hay en ella palabras que acepten exhibirse mucho por sí mismas, ni siquiera cuando el poeta recurre a vocablos de otras lenguas, sobre todo el francés *("bassins", "féerie", "élan", "rêverie")*, o cuando usa ciertos términos de un modo desusado o incluso los inventa ("olivamente", "ocarinar", "subescalofrío", "transparecer", "vahear", "enguirnaldadamente"). No sólo esa renuencia de las palabras a ocupar un primer plano notorio tiene que ver con la decisión de que todo en la escritura se subordine a una necesidad profunda, sino que tampoco las palabras pueden pesar mucho porque deben abandonarse al destino de fluir que Ortiz - otorga a sus poemas.

Todo poema de Ortiz fluye, como fluyen las aguas, las nubes y las estaciones del año en el paisaje entrerriano, de ahí que tantas veces esta poesía haya sido descrita –incluso por su autor– a través de la metáfora del río. No casualmente, por otra parte, los ríos constituyen una referencia asidua en Ortiz, hasta el punto de que *El Gualeguay* es un solo extenso poema, el más largo de su obra –2.639 versos–, que tiene como único tema el río que recorre junto a la ciudad homónima (a la que Ortiz dedicó otro poema extenso, "Gualeguay") y es a la vez un poema-río, por su forma y por cómo su corriente va arrastrando nombres e imágenes y reflexiones con un ritmo pausado y persistente, dedicado más que nada a dejarse correr.

Así también, el transcurrir del poema orticiano se ve metaforizado en la expresión "hilo de flauta" usada por el autor varias veces. Por las delicadas sonoridades cristalinas que pueblan los versos y porque antes que a cualquier otra cosa –y mucho más en los últimos libros– la poesía de Ortiz tiende a ser música: aunque existe en el espacio, porque está impresa en el papel de la página, quiere ser leída como si sólo existiera en el tiempo de la lectura, siempre deshaciéndose y sucediéndose a sí misma a medida que se despliega. Y no sólo "lo musical" se da en lo sonoro o en el transcurrir de las oraciones: se podría decir que Ortiz piensa de acuerdo con el modelo de la música y hasta es posible hablar, quizá, de una "música del pensamiento", en tanto su poesía cada vez más tiende a ser un pensamiento que se permite desplegarse sin restricciones, ensimismado en lo que él mismo va convocando. Éstos son rasgos que, aunque están ya esbozados en los casi estupefactos y levísimos brochazos breves con que irrumpen la materia y el tiempo en *El agua y la noche* y *El alba sube...*, se vuelven dominantes a través de la arborescente proliferación de balbuceos que es cada poema de sus últimos libros.

Balbuceante, trémula, fluida, siempre como deshaciéndose en el momento mismo en que se la quiere tocar, la poesía de Ortiz es tan profundamente placentera como ardua de abordar, mucho más en los últimos libros que en los primeros, pero algo de esa dificultad está presente ya en la aparente sencillez de los poemas juveniles. No porque en Ortiz pueda hallarse hostilidad alguna hacia el lector, sino porque aquello que dice es siempre de algún modo inaferrable, impone al lector una extrañeza que hace de la lectura una tarea intensa y exigente, o, mejor aún, lo que reclama es un tipo de entrega para la cual los lectores actuales no suelen estar preparados, un despojamiento. Pero si el lector entra en ese juego, si acepta realmente hacerse cargo de la aventura estética que Ortiz le propone, si se deja estar en ese fluir semejante a un encantamiento (pero un encantamiento lúcido, con la mente y todos los sentidos alertas), puede, de pronto, descubrir que ha ganado mucho, sobre todo cuando, al retornar a su realidad, la encuentre sorprendente y delicada, o al menos capaz de serlo por un rato. Habrá encontrado una disciplina de la paz y la atención, que inevitablemente ha de ser provisoria, pero los instantes que habrá vivido mientras respiró esta atmósfera le resultarán seguramente imborrables.

DANIEL FREIDEMBERG

Esta Antología

De los trece libros que publicó Juan L. Ortiz y que reunió bajo el título común de *En el aura del sauce*, esta antología incluye poemas de doce. El título excluido es *El Gualeguay*, el penúltimo del autor, debido a que todo el libro está ocupado por un solo extenso poema, de 2.639 versos, estructurado de un modo tal que vuelve prácticamente imposible presentar sólo una parte del poema o varias sin deteriorar mucho el efecto de fluidez y continuidad en que el poema fundamentalmente se sostiene. Por parecidos motivos, faltan en esta selección algunos poemas particularmente importantes de Ortiz como "Gualeguay", de *La brisa profunda*, o "Las colinas", de *El alma y las colinas*, que habrían ocupado una gran cantidad de páginas.

De todos modos, la extrema coherencia de la obra de Ortiz, y el modo en que a lo largo de poemas y libros reaparecen una y otra vez temas, obsesiones y modos expresivos, permiten suponer que ni estas ausencias ni otras impiden que a través de esta antología el lector acceda a la enorme riqueza y singularidad de esta tentativa poética y la disfrute en toda su complejidad intelectual y estética. Por ello, se consideró innecesario incluir poemas que el autor no incorporó a su obra, tanto los que descartó de su primer libro y que póstumamente fueron reunidos con el título de *Protosauce* como los que en la edición de su *Obra completa,* de 1996, figuran bajo el rótulo "Poesía inédita".

Por otra parte, la decisión de dar mayor espacio al último libro, *La orilla que se abisma,* responde a la convicción de que es en sus últimos textos donde Ortiz alcanza el más alto grado de definición y refinamiento de su propuesta poética, sus logros más sutiles y asombrosos, un nivel de maestría que lo instala entre los nombres insoslayables de la lírica universal.

D. F.

El agua y la noche

(1924-1932)

Domingo

El sol y el viento, solos, sobre el pueblo.
Alegría de cal, de callejones últimos
entre un pudor de ramas,
por donde mis paseados, lentos días
salían a suaves campos.
Vecino era del agua y de la luz.

Campanas. Oh, la infancia que era como estas hojas,
gracia viva del aire y los reflejos
bajo la penetrante, mansa mirada de la tarde.

Señor...

He sido, tal vez, una rama de árbol,
una sombra de pájaro,
el reflejo de un río...

Señor,
esta mañana tengo
los párpados frescos como hojas,
las pupilas tan limpias como de agua,
un cristal en la voz como de pájaro,
la piel toda mojada de rocío,
y en las venas,
en vez de sangre,
una dulce corriente vegetal.

Señor,
esta mañana tengo
los párpados iguales que hojas nuevas,
y temblorosa de oros,
abierta y pura como el cielo el alma.

Pesada luz

Mi hijo se duerme aquí,
a mi lado, sobre el pasto.
Y entró en el sueño entre un
lujo agreste de juguetes:
la danza de los reflejos
encendiendo y apagando
un temblor de pececillos
en el agua azul del cielo
de donde surte un ruido
fino y roto de alegría
destrozada no sé dónde...
quizá en su misma pureza.

Entró en el sueño mi hijo
entre una magia de flores
que los suspiros de los
ángeles hacen temblar
y llevan de un lado a otro
como en un deshojamiento
de la gran rosa del día
dormida sobre los campos...

Entró en el sueño mi hijo
jugando con unos frescos
animalillos que le

buscaban las manecitas,
y unos dedos vagos que
le acariciaban la cara
con una suavidad tanta
que parecían morirse
al tocarle las mejillas:

Entró en el sueño mi hijo
mirando el denso follaje,
oyendo cantar los pájaros,
rodeado de mariposas,
acariciado por los
tallos altos y sutiles,
con una brisa ya medio
dormida sobre los párpados.

Día gris

¿Qué nos pregunta el vago
horizonte que se viene
a nuestra melancolía
lleno de gestos mojados
–tendido fantasma que
absorbe las arboledas
y nos invierte el lirio
húmedo y solo del alma?

Los ángeles bailan entre la hierba...

Los ángeles bailan entre la hierba,
Ondulan un frío que relampaguea
y que cortaría la tarde.
La tarde dura como un diamante
que desvalora de pronto una nube efímera.

Los ángeles de Cocteau sentados en las cornisas
miraban caer la tarde con ojos violetas.

Es dura la vida. La vida es triste.
Como un mar la muerte viene del sur y anda en el
[sol.

Los ángeles bailan entre la hierba
y sonríen con una sonrisa filosa,
un poco lúgubre ¿cierto?
Sí, lúgubre, y breve.

Delicias últimas

El otoño,
con manos
diáfanas
y
brillantes,
está abriendo
un azul purísimo
que moja el paisaje
de una delicia
trémula,
primaveral.

“Diana”

Tenías una pureza tal
de líneas,
que emocionabas.
¿Desde dónde venían
tu fuerte pecho,
tus remos finos,
tus nervios vibrantes,
y esos ojos sesgados,
húmedos de una inteligencia
casi humana?

¿Desde dónde tus gentiles actitudes,
esa manera tuya, aguzada, de echarte,
y ese silencio,
y esa suavidad felinos,
acaso llenos de visiones,
que ennoblecían las alfombras,
y daban la inquietud de un alma,
un alma gótica encarnada en ti?

Oh, ya hubieran querido muchos hombres
tu auténtica aristocracia.
Fuerza contenida
que raras veces temblaba
en tu latido profundo.

Y eras a la vez humilde y tímida,
y sensitiva,
lo que no impedía que te disparases con impulso
[heroico
cuando tu instinto se abría como una fiesta sobre el
[campo.

Recuerdo, recuerdo...
¿Qué compañía más discreta que la tuya?
En el atardecer
íbamos
a la orilla del río.
La cabeza baja,
apenas si pisabas.
Yo casi no respiraba.
Oh, vuelos últimos en la palidez hechizada!
Yo me sentaba en la barranca.
Tú te tendías a mi lado,
el hocico hacia el río,
esculpida en un gesto de caza hacia las estrellas del
[abismo.
¿Era hacia las llamas tímidas del abismo?

Temblaba tu hocico,
me mirabas,
y caías de nuevo en el éxtasis.
Acaso, al fin, eran tu presa
las imágenes
con que yo volvía luego:
tímidas, asustadizas,
de piel suave,

pero de mirada pura,
como la de tus liebres, oh Diana,
ida ya para siempre,
con mucho de mi alma y de mi casa.

El alba sube

(1933-1937)

Sí, las rosas

Sí, las rosas
y el canto de los pájaros.
Toda la hermosura del mundo,
y la nobleza del hombre,
y el encanto y la fuerza del espíritu.
Sí, la gracia de la primavera,
las sorpresas del cielo y de la mujer.
¿Pero la hondura negra, el agujero negro,
obsesionantes?

Sí, Dios, lo divino,
a través de la rosa y del rocío,
y del cielo móvil de unos ojos,
pero el vacío negro, el horror vago y permanente de
[la sombra?

Sí, muchachas en la tarde,
niños en los jardines,
paisajes que suenan como melodías perfectas,
versos de Rilke o de Brooke,
entusiasmo generoso de las jóvenes almas
capaz de cambiar el mundo,
belleza del sacrificio y del ideal,
y el amor, y el hijo, y la amistad,
¿pero el vacío negro, el escalofrío intermitente del
[abismo?

Es otoño, muchachos...

Es otoño, muchachos. Salid a caminar.
Otoño en su momento inicial, más hermoso.
No os engañará este azul casi alegre?
¿Alegre?
¿La profundidad tiene alguna vez alegría?

¿No os engañará este verde joyante por momentos?
¿O esta invitación alada de la tarde?
No, una honda presencia deshace las azules sombras
y apaga la alegría del campo
–un luminoso, puro sueño que tiembla–.

¿Cómo, y la tarde no se corona de flores
como de un fuego quieto de ángeles guardianes?

Ya está el viento, muchachos, el viento del otoño, del
[otoño,
violento o suave casi como un suspiro,
una enfermiza alma
de qué oscuros reinos?
que revela en las cosas
un herido pensamiento
de sorprendidas criaturas.

El viento,

niño fúnebre que juega con las últimas ilusiones del
[cielo
hasta darle una aguda limpieza de extraña agua
[final.

El viento, muchachos, el viento infinito.

Oh, pueblo azul y quieto...

¡Oh pueblo azul y quieto bajo la madrugada,
a la vuelta del tedio ruidoso de la fiesta:
¡con qué extraña gracia como una aparición,
del ajeno alumbrado, vago aún, surgiste!

¿De qué mundo lejano, como un sueño caíste,
hecho de luz apenas realizada, que las
estrellas por ti tienen la inquietud ¡ay! aún pálida
de que el día lastime tu aérea arquitectura?

¿O ellas apuran el diálogo silencioso
que sostienen con tus invisibles criaturas
en una musical agonía de párpados,
que llena el aire de un secreto milagro?

¿Viven aquí los hombres, viven aquí los hombres?

Los ángeles bajan en el anochecer

Los ángeles bajan en el anochecer
y se extienden por las
fachadas que al poniente
dan, tan tal dulzura
flotante, musical,
que da miedo, miedo
por ellos,
a pesar de sus alas
y de la indiferencia inclinada del pueblo.

En el campo se está
tranquilo.
Se confunden, juegan acaso,
conversan
con los pájaros
que vuelven,
circulan entre los sonidos
de las esquilas,
y sonríen a los silbidos
lejanos.
Se posan como pájaros espectrales
sobre un caballo blanco
o una vaca blanca,
puros de la penumbra
baja, y,

casi fluida.
Y se fijan, al fin,
se adhieren, ¿hasta cuándo?
a la pared encalada
de un rancho
posado sobre la loma.
¡Oh, el rancho celeste sobre la loma,
flotando hacia el azul triste,
anochecido,
del oriente!

Ráfaga del vacío...

Ráfaga del vacío, del abismo,
que hace temblar como húmedos cirios a las plantas
[con luna
y vuelve los caminos arroyos helados hacia la nada.
Ráfaga del vacío, del abismo.

Visos, todo, visos sobre la gran sombra!

Ah, y mis hermanos, mis hermanos sedientos,
sobre cuyas espaldas se edificó la belleza,
y florecieron todas las gracias que sonrieron a los
[otros,
los otros que no sintieron nunca
el perfume de sangre de las fragilísimas flores...
Mis hermanos esforzándose por saludar a la aurora!

¿Será esa belleza nueva,
la belleza que crearán ellos,
esa belleza activa que lo arrastrará todo,
un fuego rosa contra el gran vacío,
o el viento que dará pies ágiles a la mañana,
sobre esta enfermedad aguda, terrible, de la sombra?

Estos hombres...

Estos hombres que vuelven,
sienten la gracia
de los puros espíritus
del crepúsculo?
Se diría que sí.
Parecen flotantes
fantasmas pálidos.
Los que están parados
en las puertas
frente al dulce abanico de luz última
–nobles estatuas de melancolía–
sentirán aún más
la caricia de impalpables alas extrañas?
Ah, si ciertamente fuera así,
una serena dicha fuera nuestra.
Pero aquel hombre vago sólo siente
que a la inseguridad terrible de su vida
se une la tierra negra,
que en su casa deshecha no le espera la lámpara
rodeada de risas,
sino un montón oscuro
de infantiles figuras contraídas,
y la desesperada, femenina, pregunta cotidiana.

Pero yo sé que un día verás, oh hermano mío, en el
[horizonte,
temblar, bajo el rocío, para ti, limpios jardines...

Nada más...

¿Dónde se hizo esta
luz
velada?

El chingolo canta.
Este canto en la luz
como desde el seno
tímido de la luz.
Y las orillas
florecidas,
las orillas
amarillas,
las orillas temblando
en la sensitiva
mirada del río?

Demasiado, demasiado.
Sólo la soledad
apenas
dorada,
con este canto.

El ángel inclinado

(1937)

Fui al río...

Fui al río, y lo sentía
cerca de mí, enfrente de mí.
Las ramas tenían voces
que no llegaban hasta mí.
La corriente decía
cosas que no entendía.
Me angustiaba casi.
Quería comprenderlo,
sentir qué decía el cielo vago y pálido en él
con sus primeras sílabas alargadas,
pero no podía.

Regresaba
–¿Era yo el que regresaba?–
en la angustia vaga
de sentirme solo entre las cosas últimas y secretas.
De pronto sentí el río en mí,
corría en mí
con sus orillas trémulas de señas,
con sus hondos reflejos apenas estrellados.
Corría el río en mí con sus ramajes.
Era yo un río en el anochecer,
y suspiraban en mí los árboles,
y el sendero y las hierbas se apagaban en mí.
Me atravesaba un río, me atravesaba un río!

La ribera

En qué sueños la vi, la vi en qué realidad?
Era ella de flores y con árboles altos
por entre cuyas ramas gráciles el verano
era un vapor azul que lejano temblaba.

¿Era la dicha pura, era la imagen de
la dicha delicada y común que esperaba
aquí cerca como una presencia misteriosa,
o era la esperanza emergiendo del agua

y llamando al confín entre las ramas quietas
cuando se miran niñas y amarillas las flores,
eternas, frente a los secretos pasos fluidos
del tiempo, de qué tiempo, del sueño o de la vida?

Luciérnagas...

Por entre las luciérnagas hacia el río flotamos,
pues la sombra está toda de pupilas viajeras.

Y en el río, oh amiga, llamas hondas y móviles.
¿Qué puerto aparecido?
La alta fiesta celeste sumergida
bajo el encantamiento de las chispas aladas:
luciérnagas, luciérnagas, todavía en el río!

Un palacio de cristal...

Un palacio de cristal
rodeado de sombras
azotado por las olas de las sombras.

¿Era esto la vida?

¿Pero es la muerte la sombra invasora?
Venimos de la vida, de la gran vida,
y hacia la vida, la gran vida, vamos,
a través de una forma efímera
hermana de la piedra y del arco-iris, sí, Marie
[Colmont.

Es el retorno, entonces, la muerte,
amiga de la voz segura y luminosa
que nos muestra los hilos infinitos, todavía trémulos,
que nos ligan a todas las criaturas del universo, en
[espera.

Sí, desde el abrazo humano, como tú dices,
nos elevaremos a la gran hermandad.
Desde la casa segura y limpia de la tierra,
desde la casa hermosa y noble,
en medio de las triunfantes aventuras,
por entre las fuerzas misteriosas que ceden,

la criatura humana entablará las más puras
[relaciones
con todas las cosas que tiemblan en su halo sensible
esperando nuestras miradas amorosas y nuestras
[caricias inteligentes.

Y con los animales, sí, con todos,
vidas todavía tan misteriosas y turbadoras.
¡Con todo!
Hay tantas cosas, tantas vidas,
que nos miran y nos esperan!
Tantas vidas que se consumen de espera!
Vidas las más increíbles, sí: una agua azulada,
una nube, un tallo de hierba, un árbol en la tarde,
el color de una tarde; más, si queréis,
una tarde sin color que sólo algunas flores señalan.
Tantas vidas: los animales y las cosas.

Pero desde el abrazo humano sí,
se organizará la ronda cósmica con cantos
o con miradas atentas.
La muerte no existirá con su fisonomía egoísta
en que el hombre, ciertos hombres, han esculpido los
[rasgos de su miedo,
o de sus "valores" ah, tan dependientes de muy
["pequeñas" cosas.
La muerte, la gran sombra, la zona oscura de las
[fuerzas bullentes,
de donde surgió nuestra "forma", el equilibrio, ¿el
[equilibrio?
de nuestro momento tendido,
ah, secretamente tendido,
hacia todas las llamadas anhelantes de la creación.

La rama hacia el este

(1940)

En la noche un ruido de agua...

En la noche un ruido de agua.
¿Ruido? Escuchad el canto.
El agua choca contra el sauce caído
y deshace bajo la luna toda su red melódica:
canta un triunfo sereno e iluminado,
sola, toda la noche, sola,
por entre el follaje abatido.
¿Canta un triunfo o es la queja
agreste por la gracia vencida
que en ella se miraba o temblaba en el día?
Ah, es triunfo y es queja pero por momentos
cobra tal serenidad que ya no tiene de nuestros
[sentimientos,
y es un canto de pájaro nocturno
que sale del río para encantar la soledad
hasta que ésta al Este palidece y se franja...

Cielos de Abril

Ah, como una música os desplegáis,
o sonreís, o cambiáis, o morís entre la lejanía de los
[vapores bajos.
Cielos, sois una música. No sois todavía el
[pensamiento
ni la alta serenidad.
Cambiáis en movimientos de una armonía
[encantadora,
aunque son los acordes suaves los que más os gustan:
matices de celeste, cómo cantan o suspiran,
o se doblan ahondados en la minuciosa mirada del
[agua.
Cielos, sois una música, y no estaba atento a vuestra
[llegada,
pero os hicisteis oír como en la sombra angustiada
[de la noche
en la angustia esperanzada del día que ha de alzarse
[en vuelo seguro detrás del bosque,
se oye un canto que afirma y llena de pronto toda la
[sombra.
Pero, no! Vuestra música llena la misma luz con su
[dulzura ondulante,
la luz viva y real, llena de milagros y de luchas,
de misterios apasionados,
que componen también una sinfonía,

nuestra sinfonía, llena de nobleza y de dignidad,
porque se abre sobre la riqueza ilimitada de la
[creación humana,
sobre el rico jardín de los destinos futuros,
libres al fin o fieles a su ritmo,
a su íntima medida, musical y sagrada.

No es tu luz, Octubre...

No es tu luz, Octubre.
Ni son los pájaros y las flores.
Ni tampoco es el verde nuevo, no.

Es el silencio del canto.
Un silencio que casi nos angustia de tan puro
y nos hunde
en vértigos delicados
hasta las presencias secretas
o las fisonomías adorables e indecisas
de una dicha que sube y las excede.
Es tu silencio, Octubre, el que yo amo.
¿De dónde surgieron
mi niñez
y mi adolescencia?
Sí, es también tu luz en la tarde quieta.
Silencio iluminado y transparente
con los vagos rostros
recuperados
de un niño extraviado
y de un adolescente a la ventana.

Para que los hombres…

Para que los hombres no tengan vergüenza de la
[belleza de las flores,
para que las cosas sean ellas mismas: formas
[sensibles o profundas
de la unidad o espejos de nuestro esfuerzo
por penetrar el mundo,
con el semblante emocionado y pasajero de nuestros
[sueños,
o la armonía de nuestra paz en la soledad de nuestro
[pensamiento,
para que podamos mirar y tocar sin pudor
las flores, sí, todas las flores,
y seamos iguales a nosotros mismos en la
[hermandad delicada,
para que las cosas no sean mercancías,
y se abra como una flor toda la nobleza del hombre:
iremos todos hasta nuestro extremo límite,
nos perderemos en la hora del don con la sonrisa
anónima y segura de una simiente en la noche de la
[tierra.

Sí, el nocturno en pleno día

Sí, el "nocturno en pleno día". Qué reposante
la sombra, el baño de la sombra.
Algunos brillos, algunas florescencias. Y, ah,
reencontrar el centro de relación. Delicias
de las flores submarinas, frágiles delicias.
La noche íntima está llena del mundo. En la primera
capa del reposo, sólo. Acaso en la segunda.
La fatiga de la luz y del ruido, sonríe, sí, al silencio
[iluminado
apenas, muy apenas de un pálido cielo abisal.
Silencio, silencio, sombra y silencio reposantes y ah,
[indispensables.
El nocturno delicado para oír nuestro silencio y el
[silencio del mundo,
curvados sobre la sombra opaca, sin reflejos
[mezquinos o complacientes.

Nuestro silencio y el silencio del mundo, tan
[musicales, ah, tan musicales,
en sus primeras zonas. Porque en cuanto
[descendemos más nos sorprende el grito de
[la vida.
La vida grita, hermanos, en lo profundo del mundo
[y de nosotros mismos.
La vida herida grita y es inútil nuestro intento de
[eludir el grito

en el adorable y reposante refugio de nuestra soledad
[o de nuestra comunión con las criaturas
[secretas del mundo.
Ah, cómo quisiéramos encontrar la paz absoluta de
[la sombra o de la armonía total
cuando bajamos hacia nuestro silencio en el día o en
[la noche!
Por unos minutos sólo, aunque fuera por unos
[minutos, ver alzarse una tenue constelación
[de las profundidades últimas.
Subiríamos con una sonrisa más segura, hermanos,
[para los deberes del amor.
No el vértigo de la sombra, no, sino el canto de la
[sombra.

Ah cómo quisiéramos en el silencio de nuestro
[paisaje ver sólo los juegos de la luz y del
[agua.
Una impalpable presencia, casi una música, sobre las
[colinas olvidadas.

El álamo y el viento

(1947)

No era necesario...

No era necesario mirar el cielo ni las ramas.
Aquí te vi, en la tierra pura, en la tierra desnuda.
Aquí te vi, espíritu primaveral, danzar o arder
[serenamente como la alegría sin nombre,
transparencia imposible de una dicha flotante sobre
[el polvo.

Aquí te vi, niña fantasmal de velos diáfanos, en el
[mediodía inexistente.
No era necesario mirar el cielo ni las ramas.

Colinas, colinas...

Colinas, colinas, bajo este Octubre ácido...
Colinas, colinas, descomponiendo o reiterando
[matices aún fríos,
o no pudiendo decir plenamente el oro y el celeste,
[fluidos, de los cultivos.
Nos dueles, oh paisaje que no puedes cantar en la
[tarde agria e indecisa,
lleno de escalofríos bajo las nubes tenaces e inquietas
[todavía de tu sueño
y estás solo, solo, solo, con la angustia y el
[desamparo de tus criaturas.
Pero aun si cantaras el canto no se oiría casi.
Oiríamos sólo el ruido de los carros largos con su
[carga de desesperación.
Oiríamos sólo el silencio de los niños y de las
[mujeres junto a los ranchos transparentes.
Veríamos sólo la figura deshecha con la bolsa al
[hombro sobre la cima de la loma.
Veríamos sólo esos arrabales de las Estaciones,
[oh campos de Entre Ríos con aún países
[absolutos de injusticia,
oh, campos de Entre Ríos hechos para la dicha
de los que os evocaron esa aurora florecida que aún
[no canta y que es extraña al día.
Otro será el paisaje mañana en las mismas líneas
[puras.

Cantará con un múltiple canto entre las casas
[próximas con mesas, ah, seguras y con
[libros y músicas.
Como de la noche de su alma del sueño de los
[campos el hombre extraerá toda la
[maravilla.
No más dividido, no, con el hermano, ni consigo
[mismo, ni con la tierra, el hombre.
Uno consigo mismo y con el mundo para crearse sin
[fin en la gracia más alta de la criatura,
y sonreír al rostro cejante de la sombra.

22 de Junio

(Para los poetas de la rosa y de la mariposa)

Ellos también, poetas, defienden nuestros sueños.
No es acaso la poesía visión en que esta fiebre de
[formas que es la vida
ilumina de pronto las todavía trémulas y tiernas
[figuras por nacer?

Pensáis que una lívida muerte de hierro sobre el
[sueño
os podrá permitir decir la rosa, decir el vuelo de la
[mariposa?
Por éstas también se dice el amor a los otros,
y la muerte lívida estará atenta, no olvidéis que
[estará atenta,
que siempre ha estado atenta a las más frágiles
[palabras del amor
para romperlas algunas veces sobre los mismos
[delicados labios que apenas las murmuran.

Ya sabéis que hubo hogueras, ya sabéis que hubo
[hierros,
para los que sólo fueron una débil brisa entre las
[cañas
o un tenue hilo de flauta casi perdido en sí mismo.
Es que la brisa y la flauta suspiraban por un mundo
[que se creía perdido

o llamaban en la noche a un alba que se pensaba
[descendería de las estrellas.

La poesía fue nostalgia, mis amigos,
de la comunión que ahora sabemos cómo florecerá.
A pesar de ella misma fue nostalgia.
Por eso el hierro lívido quiso encerrar la brisa
y el estúpido fuego hacer cenizas de la más delgada
[agua de la melodía...

La poesía fue un sueño desgarrado también.
Fue una "entraña desgarrada", verdad Tchou-Chou
[Tchenn?,
porque no había quien hablara por los que se
[curvaban entre los arrozales y los trigos
mientras ella sufría la herida de la primavera.

Pero el sueño se iluminó y se extravió en finísimos
[laberintos.
Hölderlin y Jean Paul y Novalis y Tieck,
hasta la voz del "cielo y del infierno" y hasta la voz
[del éter
hasta la voz de "Las iluminaciones".
Blake, Shelley y Rimbaud supieron que no estaban
[solos, y vieron, mis amigos, ellos vieron.
Y unos cantaron lo que vieron y otros gritaron lo
[que vieron
cegados casi por el resplandor de una estrella que
[ahora nacía de la tierra...
Los poetas no estaban solos.

Mis amigos, ellos vieron. Brazos sobre los que
[perlaba la transpiración de la sangre

empezaban a arrojar en medio del dolor y del
[suplicio las semillas del sueño.
Y el sueño fue como un viento que madurara en las
[ciudades, en las aldeas y en los campos.
Y sobre la primavera del sueño se abatió la
[tempestad del hierro lívido el 22 de junio.
Y los brazos que sostenían el sueño le hicieron un
[blindaje de muerte contra la tempestad.
Y la estrella de cinco puntas fue un ubicuo terror
[para el terror gamado...

He ahí nuestro sueño hecho una rosa de muerte para
[defenderse de la muerte.
He ahí la estrella hecha un relámpago fatal para
[defender la dulzura de la tierra
en la gracia de la harina, en la gracia del aceite, en la
[gracia de la sal y en la gracia del vino
para la gracia recién libre de vuestro canto, oh
[poetas de la rosa y de la mariposa.

Ellos también, poetas, defienden nuestros sueños
[entre las ráfagas lívidas de la muerte.
La rosa y la mariposa son de acero
para que mañana, en la primavera,
podamos decir, como el hermano Pasternak, la
[extrañeza del álamo en la calle...

La rosa y la mariposa son de muerte para los
[poderes de la muerte abatidos sobre el
[sueño!

Yo adoro...

Yo adoro una mujer de aire.
La sentíamos bastante como el aire,
brillante o secreta esencia, ah, de lo que nos tocaba;
alma del tiempo, sí, más allá de las formas,
sin forma siempre como el aire?

Cuando la mujer de aire se va,
no, no me digáis que las flores son flores y que la luz
[es luz,
que la colina sube hacia la nube y que la tarde baja
[hasta las aguas
y que el anochecer viene de espejos por las lejanas
[islas, por las islas...
Ni menos me digáis, oh, no me digáis, que la luna de
[julio se ha entibiado entre las ramas...

No, no me digáis nada, que cuando la mujer de aire
[se va
el aire, el aire?, es una asfixia oscura,
y hay manos, muchas manos, tendidas hacia
[nosotros desde otras sombras como raíces
[invertidas...

Pero verdad que la mujer de aire siempre vuelve?
–Siempre regresa, sí, pero no basta adorarla porque
[ella es la libertad.

No podemos entrar, Abril...

No podemos entrar, Abril, en tu dicha translúcida.
Hay una sombra, Abril,
la sombra de una inquietud,
que nos deja en la orilla, en la orilla, temblando, de
[tu dicha.

En la orilla quedamos, Abril, de los cielos y las aguas,
tan poco cielos y aguas,
que ya no son cielos y aguas
sino pálidos y exaltados sentimientos.

En la orilla quedamos, Abril de tu luna líquida y
[profunda,
de tu luna sin fin,
al lado de los sauces oscuros sobre su largo
[escalofrío, cortado de islas negras,
y de las sombras, las sombras?, que contra las canoas
[palpitan y gloglean...

Abril, de tu rocío, en la orilla quedamos,
de la delicada fiebre de tus noches tan alta pero tan
[presente,
con sus miradas, ah, con sus miradas que nos
[buscan.

Por qué, Abril, esta vez, vagamos, sólo vagamos, en
[tu orilla
como niños con una ligera desesperación corriendo,
[corriendo, a la orilla del mar?

Por qué Abril, quedamos en tu orilla?
No, no, la sombra de la inquietud no es tuya, no
[viene de ti,
aunque sabemos ya de tu ceniza que a veces tiene
[alas, es verdad,
de la oscura semilla que condena a tu diamante
y lo hace, por eso, casi nuestro,
casi de nuestro mismo pensamiento más puro pero
[ya quebrado por ahí...

Son criaturas vagas de dolor, próximas y del aire,
de un aire que, ay!, no puede acariciar las colinas de
[la tierra
con el feliz acuerdo de las criaturas, de todas las
[criaturas,
las que en tu orilla, Abril,
en el límite, Abril, de tu delicia eterna
sobre aquel barranco rosa que en la tarde es casi
[diáfano,
nos tiran hacia ellas,
y nos dejan temblando, Abril, en no sabemos qué
[zonas de sentimiento,
pero de donde vemos al fin tu alba, Abril, como un
[anillo tenue
rodeando los sueños y los ojos de los hombres,
presente en los sueños y los ojos de los hombres
igual que una caricia que llamara para el día del
[trigo y la gran relación...

El aire conmovido

(1949)

No te detengas alma sobre el borde…

No te detengas alma sobre el borde
de esta armonía
que ya no es sólo de aguas, de islas y de orillas.
¿De qué música?

¿Temes alma que sólo la mirada
haga temblar los hilos tan delgados
que la sostienen sobre el tiempo
ahora, en este minuto, en que la luz
de la prima tarde
ha olvidado sus alas
en el amor del momento
o en el amor de sus propias dormidas criaturas:
las aguas, las orillas, las islas, las barrancas de humo
[lueñe?
¿O es que temes, alma, su silencio,
o acaso tu silencio?
Serénate, alma mía, y entra como la luz
olvidada, hasta cuándo?
en este canto tenue, tenuísimo, perfecto.

He mirado...

He mirado un pequeño animal un poco grotesco.
Una figura casi de ciertos dibujos animados:
las orejas largas y el hocico todavía largo–
hacía pocos días que lo habíamos recogido del
[baldío.

No parecía un gatito, no, no parecía.
Y he sentido de pronto que en ese momento era mi
[vínculo
con un mundo vasto, vasto, de vidas secretas y
[sutiles,
de vidas calladísimas, a veces duramente cubiertas,
[pétreamente cubiertas,
y también de las otras cercanas de la suya
manando –sin memoria, dicen– entre las sombras
[indiferentes y hostiles
–ay, las sombras hostiles y opresoras y sangrientas
[somos siempre nosotros–
hacia el sueño final ardiente todavía de otras vidas...

Pero en sí lo he querido, lo he amado
con mirada profunda y mano suave.
Y él me ha respondido con su gritito
desde su pesadilla ahora doblemente acariciada.
Reíos: me fundí con él, me hice uno con él

como con el llamado vivo, vivo, que nos rodea, y
[tiembla en la sombra...
Y vi otros rostros, oh sí, vi infinitos rostros
de niños envejecidos en el horror de otra pesadilla.
Los rostros de los niños de los infiernos helados de
[las ciudades y los pueblos.
Los rostros de los niños, ay, de los campos, y de las
[orillas de los ríos.
Los rostros también afinados por el hambre,
[grotescamente afinados.
Y viejos, viejos, en las orillas de los ríos...
–Qué habéis hecho, por Dios, de nuestros propios
[tallos puros?

La caricia, sí, la caricia dolorosa para esas cabezas
[alargadas,
para esos pelos ásperos y sucios, para esos ojos
[pálidos y pequeños y arrugados,
y esas miradas tímidas que nos buscan desde la
[hondura de la noche común;
sí, la caricia; sí, la respuesta que se inclina
[delicadamente atenta.
Pero el amor, oh Buda, pero el amor, oh Cristo, pero
[la caridad, si queréis,
han querido, han debido ir hasta el fin
y ahora el camino seguro es suyo y la lámpara fiel
[también es suya...

A la orilla del río…

A la orilla del río
un niño solo
con su perro.
A la orilla del río
dos soledades
tímidas,
que se abrazan.

¿Qué mar oscuro,
qué mar oscuro,
los rodea,
cuando el agua es de cielo
que llega danzando
hasta las gramillas?
A la orilla del río
dos vidas solas,
que se abrazan.
Solos, solos, quedaron
cerca del rancho.
La madre fue por algo.
El mundo era una crecida
nocturna.
¿Por qué el hambre y las piedras
y las palabras duras?
Y había enredaderas

que se miraban,
y sombras de sauces,
que se iban,
y ramas que quedaban…

Solos de pronto, solos,
ante la extraña noche
que subía, y los rodeaba:
del vago, del profundo
terror igual,
surgió el desesperado
anhelo de un calor
que los flotara.

A la orilla del río
dos soledades puras
confundidas
sobre una isla efímera
de amor desesperado.

El animal temblaba.
¿De qué alegría
temblaba?
El niño casi lloraba.
¿De qué alegría
casi lloraba?

A la orilla del río
un niño solo
con su perro.

Cantemos, cantemos...

Sobre el vapor de sangre,
sutil, sutilísimo,
cantemos.
Cantemos y esperemos.

Sobre el azoramiento pálido,
casi fúnebre,
de las orillas de los arroyos,
que se han quedado sin montes,
cantemos.

Sobre la muerte que han embebido
estas colinas,
estas llanuras,
estos montes,
cantemos.

Sobre la tristeza humilde,
profunda,
de estos campos,
a pesar de su gracia,
cantemos.
Con todas las criaturas
y las cosas;
con las criaturas

ligeramente aún agobiadas
¿por qué sueño de sangre?–
cantemos.
Cantemos con los animales
–ay, los pájaros sin rama
cuando el aire es de pájaros,
celestemente ebrio!
Cantemos con los animales
y las cosas;
con los animales misteriosos y claros
y las cosas misteriosas y claras;
y las aguas visibles y secretas,
que también esperan,
cantemos.
Cantemos la vida nueva
que espera
a estos hombres
y a estas mujeres silenciosas.
El día armonioso, armonioso,
surgido de húmedas
honduras maceradas
–¿de penas largas
o de humus desconocidos?
bajo el cielo más ligero.
El día nuevo, palpitando
como un ala en las manos...

La mano infinita

(1951)

A Teresita Fabani

La sombra, al fin, la sombra en que ya casi flotabas,
te cubrió, frágil niña, con la ola temida
que golpeaba contra tu cabecera en el desvelo
[visionario.
Ah, la luz del alba celeste, en las cortinas, qué vana,
qué vana la franja de oro desvaído en la pieza,
y qué vanas las flores, y qué vano el gesto largo de
[tus brazos,
llamando, ay, llamando sobre tu cabellera ya medio
[anegada.

Los finos brazos de cera hacia una luz con alas,
[apenas luz,
pero donde temblaban jardines y campanas de
[media tarde,
hacia, a pesar de todo, la esperanza, otro ángel,
que solía traerte un chal para los breves hombros al
[crepúsculo,
un aire amigo, lírico, para la asfixia de la noche,
y un ligero conjuro para los fantasmas últimos de la
[noche...

Qué solos, frágil niña, qué solos los largos brazos
[llamando!
¿Se desesperaron frente a la crecida extraña, extraña?

¿O encontraste en lo hondo, en la pálida aurora
[abisal,
que "todo tenía nombre", el nombre, hay,
[cambiante, pero el único de nuestro amor
y del amor de todo, con los números de que tu alma
[ya estaba melodiosa?
Oh, si esa melodía oscura de tu alma,
se hubiera fundido dulcemente, y en seguida
con las ondas que traerían ahora el día profundo,
[musical,
–esas ondas que habías sentido y que rehuías, marea
[etérea, infinita, de estrellas en el vértigo–
y estarás ya, frágil niña, de vuelta en estas ramas que
[se mecen,
serena ya, de aire, sobre nuestra tristeza
y nuestra inquietud vaga por ser dignos de ti
hasta en los menores gestos grises de una mañana de
[invierno:
criatura toda de música, de la música de aquí y de la
[música de allá,
atravesada como un lirio sobre la corriente del
[límite,
crucificada largamente, largamente, sobre el filo
[mismo del límite:

del aire, frágil niña, del aire y de estas ramas,
la sonrisa sin herida, y la voz sin penumbra rota,
[ahogada… al fin, al fin?

El aguaribay florecido

Muchachas de ojos de flores y de labios de flores.
En la sombra exhalada –¿de qué su dulce hálito?–
los vestidos ligeros, muy ligeros, con pintas.

Arde de abejas el aguaribay, arde.

Ríen los ojos, los labios, hacia las islas azules
a través de la cortina
de los racimos
pálidos.

Ríen los ojos, los labios. ¿Veis las muchachas o es
la tenue sombra ebria
y bordoneada
que se alucina de muselinas claras
y de otras flores vivas –extrañas flores vivas–
riendo, riendo, riendo hacia las islas?

Muchachas de ojos de flores y de labios de flores.

Arde de abejas el aguaribay, arde.

Las flores de las márgenes del camino...

Las flores de las márgenes del camino en la noche.
Solas ante la noche como espumas ligeras,
con su dulce secreto para el aire plateado.

El aire andaba sobre ellas como un pálido velo
y recogía su sueño, apenas sueño, y vacilaba
ante el signo iluminado del gran río lejano
y la ceniza extática y perlada del "bajo".

Las flores de las márgenes del camino en la noche.
Criaturas desconocidas y acaso efímeras de la noche
[agreste.
La noche, sin embargo, respiraba con ellas,
y una sonrisa erró un momento sobre los labios
[distraídos de los viajeros retardados.

Respiraba por ellas algo ensimismada la noche
[campesina,
y el humilde destino de las flores fue del hálito tardío
que, espíritu argentado, tocó de repente las colinas...

Las flores de las márgenes del camino en la noche.
Entreabieron, siquiera un instante, unos labios
[agradecidos.

Fueron, siquiera un instante, otra flor fugitiva
de otro paisaje íntimo súbitamente azul.

Y otro anhelo, un minuto, se unió al suyo en la
[noche,
fue uno con el suyo en un minuto de la noche.

Y no estuvieron solas, un minuto siquiera, con la
[noche
y con el aire pálido, indeciso ante humos y señales de
[nácares,
ni se perdieron solas en el soplo aún más pálido, más
[pálido, del ángel de la madrugada…

El cementerio de Diamante

Oh, cerrados los ojos en lo hondo, abrirlos luego con
[las flores,
con las flores mudables, desde esta parte abierta
[hacia las islas...
Con la mirada de las flores... –habéis pensado en la
[mirada de las flores?
¿Cómo mirarán las flores, ciegas adorables, aunque
[amantes?

Si los ojos fueron unos, íntimamente unos, con la
[gracia del mundo,
no mirarán las flores con más amor aún,
más allá de su éxtasis habitual, algo inquietas
[quizás?

Oh, seguir mirando, con mirada de flores, el tiempo
[hondo y dorado de allá abajo,
con el río y las islas pálidas, pálidas entre sus finas
[cintas de luz,
cuando Marzo adhiere ya y suspende sus hálitos
[hasta el cielo
como un alma también de flor que empezara a
[respirar y buscara serenamente a las otras
[almas.

Quizás sólo, quizás sólo, esta búsqueda suave
[llegaría hasta las flores
en fluidos casi de sueño pero que tocarían el suyo
[algo azorado
y lo harían temblar con alguna especie de luz
en esa noche o en ese día desconocidos tejidos de
[llamados y de respuestas sutilísimas.

¿Pero estas formas y estas luces también casi de
[espíritu?
¿Presentimientos sólo, amigos míos, sólo
[presentimientos?
¿No miraríamos, entonces, por las flores, estas
[formas y estas luces,
las formas y las luces de los meses, de las horas,
un rostro seco y puro, o medio ausente, o radioso, en
[los giros de la ronda?

Aéreos intercambios allí, y allí las estrellas de los
[dulces contactos,
un a modo de pupilas que encenderá y fijará más en
[la seda de los pétalos
la ceniza de los que tuvieron aquí la fiebre de la
[belleza
y de las analogías profundas y de las vidas, todas las
[vidas, acordadas...

Con esos ojos, menos efímeros así, en el amor de las
[infinitas radiaciones,
miraríamos quizás, con qué contentamiento? cómo
[esas vidas se desplegarían
en su unidad encontrada y cómo sería sólo, sólo al
[fin, "el aire de la ofrenda".

Oh, este aire sí, tocaría las fibras de las flores
porque habrá impreso sus íntimas ondas ardientes en
[el otro,
y por ellas sonreiríamos con quién sabe qué matiz y
[qué perfume inéditos
a las voces adolescentes que subirían la colina
[poblada,
como las mismas alas tiernas, sensibles, de la
[atmósfera una
sobre las lomas que descienden danzando y se
[detienen sobre el río y las islas
y las criaturas que a la dicha de las lomas habrán
[unido recién, recién la suya...

¿Sonreiríamos, pues, desde aquí con algún aroma y
[color desconocidos,
a los coros transparentes que palpitarían en la
[dirección del pueblo alto?
¿En qué mañana inimaginable o en qué tarde
[extrañamente diáfana?
Ah, pero la sonrisa ya sin tallo, sería luego la de
[aquella joven alegría
que habrá inventado el amor, de nuevo, se habrá
[hecho el otro cielo y se habrá dado sus
[estrellas...

Ella iba de pana azul...

Ella iba de pana azul entre las manzanillas. Ella.
La mañana pesaba ya dulcemente.
¿De qué color la sombrilla contra el amor de
[Octubre?

Entre las manzanillas ella iba.
Entre la nieve ardiente ella iba.

¿En qué ligerísima penumbra sus labios florecían?

(Oh, sin la penumbra,
toda la abeja del aire,
toda, sobre sus labios...).

Entre las manzanillas ella iba.
La voz, la voz de niña, algo indecisa aún,
con pudor, con cierto pudor, de los pétalos ebrios...

Esa edad de jacinto, ay, y ese aire...
Entre las manzanillas ella iba toda de pana azul,
de un azul más grave que el del Domingo, azul,
[porque ya era el destino
de ojos a veces bajos o turbados... mi destino.
Mi destino... Y yo a su lado, ¿qué?
Ella iba de pana azul entre las manzanillas. Ella.

Villaguay

(Para justo Miranda)

¿Dónde está mi corazón, al fin?
Ah, mi corazón está en todo.
En las vidas más increíbles, próximas y lejanas.
Está en las más hermanas de aquí y de allá, caídas o
[incorporadas
sobre sí mismas, en el límite del martirio, con la
[sonrisa de la fe.

En todo, mis amigos.
En los finos tallos que tiemblan al anochecer
en una apenas blanca luz que va a morir, medio
[desamparada:
¿qué presentimientos los de las maduras hierbas
[altas?

Está en todo mi corazón pero allí estuvo también mi
[infancia.
Allí las siestas del monte, dulces para siempre de
[ubajay,
con su silencio lleno de flores raras y de lazos
[invisibles,
verde sobre los tajamares y sus fantásticas criaturas
[de luz...
Allí las primeras heridas de la crueldad inútil
que aún me sangran la adhesión a los "amiguitos
[inocentes...".

Allí en el pueblo otra vez el monte, y el arroyo
que he vuelto a ver y oír en su purísimo sueño
discretamente abierto o misteriosamente sensible
bajo los arcos de las ramas con enredaderas
[estrelladas...
El canto del arroyo en la tarde que de repente se pierde
en su propio olvido y vuelve con una pena imposible:
[la paloma...
¿Qué secreto alado o íntimo, quiebra, eterno, sobre,
[las piedras, ese canto?

Allí bajo los naranjos la noche me hablara una vez,
y me llevara, con mano de azahar, hacia el país del
[vértigo,
y allí, después, las sombras del jardín vecino
palpitaron de velos celestes como de otras señales...

Allí en el cerco junto al cual había pasado la niña
la búsqueda de lo que quedara de ella, entre los
[jazmines como un aura...
Allí en la cañada del baldío la gracia de la lluvia
[destrenzándose entre las pálidas biznagas...
(La lluvia que allí también nos internaba aún más en
[las cosas primeras,
y en un raro desplazamiento, al crepúsculo, nos
[acercaba el monte:
el monte, todavía, como una sutil alma de fondo
que da nobleza a los gestos y a la vez los hace algo
[defensivos
en su misma fuga gentil, en su desvío ligero...
El vago pavor del monte cuando el cielo se cerraba
[sobre él,

lleno de largos brazos negros y de miradas lívidas,
de figuras de niebla, enormes, que flotaban,
[extrañas, sobre una ahumada plata...
Y el niño solo, solo, solo, no había encontrado aún
[la vaca...).

Allí "la señorita Amelia" con el canto grave de su
[voz y sus puros dedos de nácar
en la armonía de los trozos oportunos y esperados,
[oh esperados...
Delgada sombra allá, en el más allá, seguirás
[poniendo alas a los tiernos espíritus?
A ti el ramo de siemprevivas o la corona del mirto
[nuestro con el rocío debido...

Allí los 25 madrugados y el olor del merino nuevo,
[azul, y el chocolate cálido en la escuela
[iluminada,
y la plaza bicolor toda cantada bajo el primer oro
[helado,
y las dianas a las puertas y la patria, en fin, de
["cuadros vivos" y bengalas...

Allí las retretas con "tucos" en los altos peinados o
[en las cabelleras sueltas,
y las casas con quintas profundas asomándose casi
[al zaguán sombrío
con todas las delicias del estío final ofrecidas a la
[sed...

Allí el senderito que bajaba de mi casa por la vereda
[de tierra, hacia el este,

y los juegos vespertinos, y las composiciones
[vespertinas, entre una polvareda épica
o de irisada gloria tenue que demoraba en la calle
[una franja casi mística
en que las claras muselinas últimas ya entonces no
[me parecían de este mundo...

Allí la fantasía anónima encendiendo sobre el
[camino puentes de leyenda entre los álamos
[nocturnos,
y los "idos" miserables en que no se sabía qué de la
[selva murmuraba o se dolía...

Allí las veladas leídas, con Manuel Acuña y Manuel
[Flores, bajo la lámpara amarilla,
más inspirados todavía, y más tristes y fatales
[todavía, en los labios de mi hermana
que suspiraba también a Jorge Isaacs en aquel: "soñé
[vagar por bosques de palmeras"...

Allí la Biblia de las 2 de la tarde de Enero, escondido
[por ahí,
con su movimiento y su ritmo caminados como otras
[aguas por los pies milagrosos...

Allí el más allá del color y de la forma con su sonrisa
[a través de las hojas azoradas,
y los lápices y las plumas y los pinceles, simples,
[tímidos y pacientes...

Y allí los amigos, oh los amigos, que he vuelto a ver
[como el monte y el arroyo.

Las manos fieles que quedan, ay, de la aventura
[aquella en "la comarca sin nombre"...
Los amigos cariñosos inclinados conmigo sobre el
[hondo paraíso común
y encontrando juntos, en la rueda convivial, la
[fuente límpida de todos en que se mira la fe
[nueva...

Los Antonio, los Román, los Pepe, los Juan Ángel,
[los Alberto, los Armando, los Justo...
Los Justo... qué paisaje esencial mejor se da una flor
[humana?

Y esa flor se abrió para mí cuando las otras flores
[dormían tras las tapias
sobre el tierno minuto, ¿en qué reloj? de sus primeros
[escalofríos aéreos...
Y conocí su perfume viril y suave de helechos y de
[musgos, de preciosas maderas vírgenes,
sus efluvios humildes de yo no sé qué incienso ideal y
[telúrico...

Ah, mis amigos, hemos hallado juntos la fuente
[original que llevábamos oculta
y en ella se miró nuestra fe más segura así en la otra
[claridad:
éramos todos diáfanos y lo seremos más en la
[profunda gran relación sin trabas:
una la raíz, la delicada raíz, una, y los hilos cada vez
[más lejanos, más hondos, más activos...
Ya el destino, otra fuente, otra fuente imantada, en el
[espacio del anhelo, con la línea del día cierto,

y la misma fe que "hacen" ya y miden y exploran
[por allá, bien viviente, y encarnada,
anudan una nueva, vastísima niñez, alegremente
[tendida hacia una transparente amistad
[inédita,
o una muy ancha, anchísima amistad vuelta esta vez
[hacia una niñez aún no nacida...

De qué matiz...

¿De qué matiz
abisal ya
la dulzura quieta, quieta,
del crepúsculo?

Una dulce y extraña
alma submarina,
flotante, o en las cosas como su misma íntima luz
[soñada...

Era dulce también estar en ella, ser parte de ella, ser
[de ella...

La inseguridad oscura, los ranchos, al regreso.
La niña en el camino, triste, tras la vaca melancólica.

La vida que se agazapa, dura, e indiferente, sin
[culpas.
La vida cruel, la crueldad que debe imponerse en la
[lucha dura.

La crueldad, los gestos duros y sangrientos.

El alma del cielo se azulaba ahora nocturnamente.

La crueldad. ¿Pero nos volveremos del lado del cielo?
y deberemos perdernos en él por siempre
para no saber más de la crueldad?

Oh, no. No es del amor eso, y esperemos,
sonrientes por encima de todo, sonrientes,
y prontos a la obra paciente, a la humilde obra
[paciente.
Seremos en la participación, en la "terrible
[participación".
Entre las desgarraduras y las llagas y la sangre
[inocente y las súplicas angustiosas,
traspasados pero atentos, con la honda fe libre
[aunque algunas veces ella nos duela...

La brisa profunda

(1954)

Es cierto que…

¿Es cierto que hay “camalotes” en las lagunas de los
[costados del camino:
gracia amarilla con alas de colores y blancas como
[de pura luz,
feliz en sí misma y de seguir igual que un dividido
[largo jardín las leguas?
¿Es cierto que las flores son felices y que los pájaros
[son felices
en la gran dicha todavía húmeda del azul que
[respiran?
¿Es cierto que el monte alienta como otra dicha
[grave de bisbiseos,
de roces, de llamados secretos, de melodías que se
[buscan
y se acuerdan al fin en el mismo anhelo puro de las
[ramas más altas?

Ay, una perra y sus pequeños recientes sobre una
[bolsa al lado de las huellas,
con esos ojos que conocéis prendidos un momento
[de las miradas rápidas que pasan…
Y una niña sola, más lejos, envuelta en polvo y en
[sus pobres ropas viejas,
y una mujer, no mejor vestida, que entra al rancho
[sin un árbol…

Le pedirán los chicos la leche que no trae y las
[galletas duras que no trae?
Oh, los niños suelen llorar por eso cerca de las
[verbenas y de las hierbas perladas...

¿Es cierto que la tarde se hace verde bajo los
[espinillos y los talas
contra el oro que todavía vibra aunque ya límpido y
[subido?
Ay, unos hombres grises, de ademanes y pasos
[inseguros bajo una carga invisible pero
[pesada y vieja,
salen al "patio" desnudo y parecen preguntar quién
[sabe qué a la curva de la loma...
¿De dónde, en esa soledad, sacarán las cosas para la
[agonía prolongada?
Silencio todo, y más allá de las colinas, para los
[brazos sin destino...
La mañana no ha dicho nada y el atardecer no dirá
[nada, como todos los días...
Y ellos quedaron, ay, con la familia menor para
[luchar contra el azar y vencerlo...
No les dijeron por ahí palabras "nuevas" que lucían
[también como armas nuevas?

Hombres grises, os veo alzaros sobre vosotros
[mismos y sobre el sueño, todos juntos...
Os veo con el gesto tendido, figuras de coro antiguo
[en una invocación altiva,
oscuras contra la palidez submarina de un anochecer
[demorado...
Os veo en el gran despertar del corazón, ligados en
[el gran cuerpo hecho de sufrimientos...

Vuestro propio corazón, vuestro propio cuerpo,
[irguiéndose allá, por encima del vasto
[horror, hacia un alba de espigas
y de voces unidas sobre las espigas, por fin, desde la
[raíz misma del amor...

Os veo en la línea de la tierra y del espíritu nuestros
asumir vosotros también las gracias negadas y los
[nobles sueños despreciados
para abrirlos sin fin sobre una realidad por vuestro
[cuidado vuelta tierna y atenta...
Y el perfil de las cuchillas será dulce y cantará con
[vuestro propio canto de los meses...
Entonces, oh, no, no seréis grises, en el color
[profundo de la dignidad que nacerá:
corolas inéditas, asimismo, las almas, como en la
[otra cita gentil y sagrada de las lluvias de
[Octubre...

A Prestes

(Mi galgo)

Has muerto, silencioso amigo mío, has muerto...
¿En qué prados profundos te hundiste para siempre
[cuando llovía oscuramente?
Marzo, anoche, apagaba la sed larga...

Tu cabeza, tras el último suspiro, quedó más fina
[aún en la línea final.
Y era como si corrieras acostado un no sé qué
[fantástico que huía, huía...

Silencioso amigo mío, viejo amigo mío, has
[muerto...
Cuántos minutos claros, cuántos momentos eternos,
[contigo,
compañero de mis mañanas cerca del agua, de mis
[atardeceres flotantes...
en el dulce calor, en el viento de las hierbas, en los
[filos del frío,
en la luz que se despide como un infinito espíritu ya
[herido...

Silencioso amigo mío, viejo amigo mío, cómo nos
[entendíamos...
Esta tarde hubiéramos salido a mirar los oros
[transparentes, casi íntimos...

¿Qué veías allá, sobre las islas, cuando enhestabas
[las orejas?
¿Y te tocaba el blanco alado de la vela lejana?
Oh, los perfumes de las gramillas y de la tierra, qué
[ríos de éxtasis!
Y tu tensión cuando algo corría abajo…
Duro de mí, estúpido de mí, que te contenía sobre
[las traseras patas sólo,
vibrante en tu erguida esbeltez posada apenas…

Silencioso amigo mío, viejo amigo mío, compañero
[de mi labor…
Echado a mi lado, las horas lentas, alzabas de
[repente tus ojos largos,
ay, llenos de signos sutilísimos, y a veces,
una tenue luz que venía no se sabe de dónde
[humedecía su melancolía sesgada…
¿En qué secretas honduras sentías entonces mi
[mirada?

(Qué distraídos somos, qué torpes somos para las
[humildes almas que nos buscan
desde su olvido y quieren como asirse de una chispa,
[siquiera, ínfima, de amor…)
Se hubiera dicho que emergías dulcemente de un
[seno desconocido
y que una serenidad ligera te ganaba así en un
[extraño mundo seguro…
El noble hocico, luego, se aguzaba todavía más entre
[los delgados remos, contra el suelo,
en esa actitud de los cuadros antiguos, de un triste
[husmeo extático…

En ocasiones, "las palabras" no admitían dilación y
[debía apartar el libro o la cuartilla
para llevarte en seguida al sol de la placita y a los
[pastos mojados...
Encuentros dolorosos solían hacer perder la gracia
[del rocío y de los descubrimientos menudos:
unos gatitos abandonados, recuerdas? que tú lamías
[aunque con cierto desdén y que yo recogía,
una débil queja de animalito herido por ahí y al que
[había que asistir,
o un hombre todo rotoso dormido en "el cañón", la
[cabellera de ceniza en un solo destello...
Pero asimismo bajábamos hasta la arena y los
[diamantes del río:
oh, la buena plática con los pescadores pobres
[mientras tú entre nosotros
te cincelabas, podríamos decir, en esa manera
[también de tus hermanos al pie de los
[sitiales regios...
Atento, las delicadas orejas hacia atrás y la sensitiva
[cabeza alzada y el fuerte cuello de cisne
[todo heráldico:
eran quizás tus minutos de armonía en el fluido de la
[armonía inmediata que debías de sentir...
Igual misteriosa paz entre los amigos sentados o
[caminando sobre la barranca vespertina:
verdad julio, verdad Emilio, verdad Marcelo, verdad
[Alfredo, verdad Carlos, verdad Israel?
Y el ímpetu cordial que iba hasta el llanto y se
[empinaba hasta los hombros y la cara
para la caricia brusca y alegre en que se abría con
[cierta angustia, temblando...

Silencioso amigo mío, viejo amigo mío, percibías el
[hálito
de los sentimientos que querían acordarse en mí con
[la hora prima
y sus flores fugitivas y sus penumbras fugitivas hacia
[el tierno desleimiento celeste
cuando nos deteníamos en el camino amanecido y
[yo miraba a mi izquierda las nuevas colinas
[de Octubre?
Tu paso se hacía después más rítmico, más danzante
[aún para acordarse al mío ilusionado...
El pensamiento de los pueblos asaltados, pero de pie,
[aunque horriblemente sangrando,
caía a veces como una inmensa nube trágica sobre
[los puros cambiantes en que se encendía el
[alma misma...
No sé por qué entonces te pasaba la mano por la
[cabecita sorprendida
y volvíamos con más lentitud algo ajenos los dos, sí,
[los dos, a la aérea "féerie".

Te trajeron del campo, allá, pero tus padres llegaran
[del otro lado del mar, llenos de laureles.
El amigo gentil quiso rendir en ti un homenaje al
[héroe de la épica Marcha.
Y a fe que tu coraje, aunque ciego, tenía algo del del
[caballero, pero del del caballero antiguo, es
[cierto.
De mirar tu estampa se sabía que tu sangre venía de
[lejos, de muy lejos,
no del rubio país sino de los desiertos arábigos, por
[tu finura barcina.

Perfecto de gracilidad y de fuerza, tus menores
[gestos decían
de una añejísima nobleza ganada sobre las arenas
[tras las gacelas de luz.
Todo en ti se concertaba como en un poema para un
[vuelo rasante de flecha,
y eras tensión ceñida o libre igual también que en un
[poema...
Tu infancia fue feliz de saltos y de juegos con el
[Dardo, tu amigo,
el lebrel aquel de Italia muerto trágicamente en una
[lucha desigual,
y no había cañadas anchas ni árboles juntos para la
[casi alada geometría de tus vértigos,
ni había corriente poderosa para tu pecho afilado y
[tu flexible gracia serpentina...
Cerca del río inmóvil, allá, empezamos a querernos
[en los silencios pálidos
llorados por los sauces medrosos o subrayados
[frágilmente por los plátanos...
Sobre los caminos, medio idos ya, tu marcha, a mi
[lado, era leve, de fantasma...
Y acaso tú también recogías lo que decían los
[follajes entre las flores de arriba y abajo que
[nacían...
El idílico sol de la ribera nos encontraba siempre
[puntuales, junto a las primeras cañas de
[pesca,
y el arrabal de la costa cuando la brisa última lo
[ajaba: ¿era sólo de sueño?
Oh, las figuras hieráticas de los pobres portoncitos
[de ramas

y los chicos mudos, espectrales, atravesando el
[baldío hacia el rancho de la orilla...
Tu juventud fue luego de anchas pistas, de los
[grandes potreros con cardos de Carbó.
En la mañana iluminada de cardos caminábamos
[esquivando las espinas,
–una culebrilla, de repente, irisaba su rápida cinta a
[nuestros pies–
tú más cuidadoso y desconfiado que yo, levantando
[delicadamente las patas,
pero algo saltaba cerca y el alambrado entero sonaba
[como un arpa,
cuando no lo sobrevolabas y eras todo vueltas
[breves, increíblemente elásticas...
Celebraba, mi amigo, que la liebre, al fin, no fuera
[tuya...

Larga fue tu enfermedad y tu latido profundo se
[hizo delgado, casi una queja ya...
Oh, esta queja, oh, tu llamado débil, cuando sentías
[acaso que "la sombra" venía
y requerías a tu lado las familiares presencias
[queridas...
Duro de mí, estúpido de mí, que a veces no prestaba
[suficiente atención a tu llamado
ni lo entendía en su miedo de la rondante noche
[absoluta, de la marea definitiva,
miedo de hundirte solo, sin la luz del "aura" amada
[junto a la ola fatal,
tú, el de la adhesión plena, el de la estilizada cabecita
[beata sobre la falda, sentados a la mesa
o leyendo yo sin haberte mullido el sueño fiel al lado
[de la silla...

Ay, oigo todavía tu llamado, tu llanto débil,
[impotente, de una imploración seguida...
Las voces no estaban lejos pero las querías alrededor
[de ti contra el silencio que llegaba...

Ay, oigo todavía tu llamado, tu súplica latida como
[desde una medrosa pesadilla,
mientras mi corazón lo mismo que tus flancos,
[sangra, sangra, y Marzo, entre las cañas,
[sigue lloviendo sobre ti...

El manzano florecido

...Y lo creíamos muerto, abatido por la tormenta.
Oh, la herida profunda que separaba casi el tronco,
y el tejido de las ramas, sobre el suelo, en un anhelo,
[al parecer, seco.

Bajo el balconcito, en el sitio hondo, su melancolía ida,
breve reposo sólo de algunas tacuaritas, o encanto
[oscuro
de algún escalofrío súbito de mariposas amarillas...

En otro mundo, se hubiera dicho, ya,
–cuál es, niños, el cielo bajo de los árboles?–
su indiferencia era gentil para el ramillete de tártago
que quería subir bien a su lado, y entre su urdimbre.
¿Qué vida, bajo sus brazos, dulce, se humedecía
que había allí caminitos afanosos
y hierbas para ahuecar, discretas, el sueño de los
[gatos?

Y él había sido, para la ventana alta, la nieve de la
[primavera
en las primeras locuras del azul entre sus dibujos
[ligeros
sobre la ilusión reciente, verde tenue, del confín de
[las islas:

¿líneas de Hokusay o imágenes de Tchou-Chou-
[Tchenn
en el aire ebrio de las diez?
Y él tendiera sombras de encaje, y diera
las palideces nilo y los fuegos del amanecer
en las formas mismas de la delicia, puras,
y él fuera luego, sin "dueño", con esa delicia,
más que el agua de la "canilla" de al lado para la sed
[alada o pobre...
Y algunos chicos, después, sobre su gracia ya caída,
[ay,
equilibraran sus juegos de la siesta o de la media
[tarde...

Pero vino Septiembre y una mañana apareció así lo
[mismo que una novia,
y abría los ojos pálidos, de seda, sobre el sueño
[lastimado...
Oh, la invencible luz de la vida que ascendía de la
[noche herida
en copos que eran tímidas miradas hacia arriba, sí,
[tímidas...
No podía, no, mirar de un poco más allá como
[antes,
el río sensible y las lejanías sensibles, entre los hálitos
[celestes,
pero el paraíso grande, ahora más cerca, inclinaba
[sobre él
en todos los momentos del silencio un leve amor
[morado...
Oh, este amor cuando la sombra dormida se había
[mullido más

y las flores se hacían más blancas, abajo, como
[preguntas hacia el amor,
y no eran ya la luz fiel a la ritual cita de arriba
sino una humilde fe, algo sorprendida aún, de
[comulgantes...
mientras él, todo él, también, en una presencia que
[dolía casi,
era la voluntad feliz, desde el lecho mismo del
[martirio,
de seguir dándose, dándose, a los labios
[desconocidos del tiempo...

Para qué el vino, amigos míos...

¿Para qué el vino, amigos míos,
si allí la luna, en las aguas, ebria, se despliega?

Id a la orilla, y sed de ella, dulcemente enajenada
en su propio vals antiguo
de velos de silencio que se igualan al fin, tenues, a la
[arena...

Sed de ella que ya el eucaliptus está en ella, más
[pálido.
Y acaso, acaso, un momento perdidos, amigos míos,
os encontraréis de la mano, luego, en el centro de la
[danza profunda,
figuras intercambiables e increíblemente ligeras, al
[cabo, de la danza...

¿Para qué el vino, entonces, si así seríais más ligeros?

El alma y las colinas

(1956)

Invierno

–El viento llora, padre...
–Sí, alaridos como de vidrio..
–Sin nadie, padre...
–Igual que caminos, solos, de piedra?
–Entro en el viento, ay, padre, cómo silba!
–Dónde terminarán los silbidos, dónde?
–¿Es otro padre el viento, ay, fuerte, que me lleva
a sus arenas amarillas, hundidas?
–Hundidas en una ausencia demasiado larga y
lastimada...
–Y qué es la ausencia, padre?
–El viento es un alma, hijo, desesperada...
–Desesperada, de qué?
–Desesperada de... aire sin fin... y de...
–De qué más?
–De fuga...
–Estoy vacío, padre, y a la vez en esos gritos...
–Las islas gritan también, oyes?
–¿Tienen alma también las islas, padre?
–Cuando hay mucha agua, ellas vuelan
y llenan toda la noche, ay, de heridas...
–Pero al río, mira, al río le han salido mariposas...
–Flores del viento...
–¿Pero el viento, verdad, traerá otras flores?
–Ay, él casi siempre las deshace, o son pálidas...

–¿Pero no alzará al fin la tierra verde?
–Y agitará banderas sobre los pájaros, sí,
mientras las islas se irán haciendo de cristal…

Qué, decís...

Qué, decís
que ellos no sienten
el jacarandá bajo la lluvia...?

El Noviembre lila, todo lila, bajo la lluvia o en la lluvia
que no se oye?

Ellos sienten el río, decís...?
ven velas blancas que no hay,
hacia el confín de sí mismos,
y unas redes inexistentes, decís?,
en que su silencio tiembla o arde...?

Ellos tienen antenas, a veces, decís?
para palpar algunas invisibles criaturas,
y suelen tener la varita, decís? que vibra con las
[corrientes escondidas...?

Pero a estas nubes que parecen subir
cuando no se sabe qué arpas descienden o se abisman,
ellos ni siquiera las adivinan, decís?

Es porque no es de ellos "la ciudad", aún, decís...?
ni de ellos son los jardines que vuelan
y que deshojan calles pálidas de amatistas?

Pero no tendrán ellos, decid, la corona de los
[morados
sobre los caminos libres totalmente de vidrios, al fin,
o no ascenderán ellos en los ceremoniales delicados
a oír palpitar las teclas lilas de la común savia
[encontrada...

sobre todo cuando la lluvia
teje el mismo silencio
para las frases de unos pájaros...?

Ella…

Ella anuda hilos entre los hombres
y lleva de aquí para allá la mariposa profunda
–ala del paisaje y del alma de un país, con su polen…

Ella hace sensible el clima de los días, con su color y
[su perfume…
a su pesar, muchas veces, como bajo un destino.
Testimonio involuntario, ella,
de un cierto estado de espíritu, de un cierto estado
[de las cosas,
en que la circunstancia da su hálito…

Pero se dirige siempre a un testigo invisible,
jugando naturalmente con la tierra y el ángel,
el infinito a su lado y el presente en el confín…

Mas es el don absoluto, y la ternura,
ella que es también el término supremo y la última
[esencia
con las melodías de los sentidos y los símbolos y las
[visiones y los latidos
para el encuentro en los abismos…

Mas tiene cargo de almas, y es la comunicación,
el traspaso del ser, "como se da una flor", en el nivel
[de los niños,

más allá de sí misma, en el olvido puro de ella
[misma...

Y no busca nunca, no, ella...
espera, espera, toda desnuda, con la lámpara en la
[mano,
en el centro mismo de la noche...

De las raíces y del cielo

(1958)

Junto a una hierba...

Yo la llamaría velilla
o plumilla...
Mas para qué el nombre
si es una sutil aspiración
o una oración delgadísima?

Es la más alta de todas, la más alta,
para la cortesía, al parecer, de todas las otras hierbas,
ante qué aire primero?

Como una fina espiga, al principio,
de tallo casi invisible,
sube, sube hacia el plumón,
hacia un aura de copillos,
hacia su propia luz de comulgante
en los altares de Abril...
sobre el dulce sacrificio
de las verbenas de Abril,
y los dones miniados
por los geniecillos hondos
de Abril...
y hace por poco flotar a las colinas
en tapices blancamente punteados
con la seda de sus horas,
hasta que éstas, cuándo?

son la estrellita suspendida, muy pálida,
y apenas hilada, ay, de una agonía...

Quién dirá de sus sentimientos, oh Bose, para el azul,
y para el dios profundo de su homenaje sin fin?

Quién de su danza reverente entre las mariposas,
o espectral, en el presentimiento del crepúsculo,
bajo un latido de "aguaciles"?

Quién de sus minutos de otra brisa o de rayos
[misteriosos
o de hálitos ya
de no se sabe qué espíritu,
pero que curvan, delicadamente, como un escalofrío
sobre el mismo sueño de todo?

Quién de su exaltación pura de cirios
cuando el atardecer, abajo, se ha perdido?

Y quién de su silencio, fluido y algo fosfórico,
en la gravitación de los rocíos eternos,
y de sus saludos casi íntimos
que hacen nevar, aún más, la luna,
o encenderla de votos fragilísimos en una duda de
[ángeles?

Oh, quizás algo sordas, su corazón es así
de los imanes insospechados de una luz que no
[sabemos,
pero se alza gentilmente y se inclina gentilmente
en el círculo de la más perfecta adoración,

igual a un surtidor que no olvida
a su deidad oscura,
y alterna con los otros, sus hermanos, una dulce
[medida,
en el rito más aéreo...

Ah, mis amigos, habláis de rimas...

Ah, mis amigos, habláis de rimas
y habláis finamente de los crecimientos libres...
en la seda fantástica que os dan las hadas de los
[leños
con sus suplicios de tísicas
sobresaltadas
de alas...

Pero habéis pensado
que el otro cuerpo de la poesía está también allá, en
[el Junio de crecida,
desnudo casi bajo las agujas del cielo?

Qué haríais vosotros, decid, sin ese cuerpo
del que el vuestro, si frágil y si herido, vive desde "la
[división",
despedido del "espíritu", él, que sostiene
[oscuramente sus juegos
con el pan que él amasa y que debe recibir a veces,
en un insulto de piedra?

Habéis pensado, mis amigos,
que es una red de sangre la que os salva del vacío,
en el tejido de todos los días, bajo los metales del
[aire,

de esas manos sin nada al fin como las ramas de
[Junio,
a no ser una escritura de vidrio?

Oh, yo sé que buscáis desde el principio el secreto de
[la tierra,
y que os arrojáis al fuego, muchas veces, para
[encontrar el secreto...
Y sé que a veces halláis la melodía más difícil
que duerme en aquéllos que mueren de silencio,
corridos por el padre río, ahora, hacia las tiendas del
[viento...
Pero cuidado, mis amigos, con envolveros en la seda
[de la poesía
igual que un capullo...
No olvidéis que la poesía,
si la pura sensitiva o la ineludible sensitiva,
es asimismo, o acaso sobre todo, la intemperie sin fin,
cruzada o crucificada, si queréis, por los llamados
[sin fin
y tendida humildemente, humildemente, para el
[invento del amor...

Alma, inclínate...

Alma, inclínate
sobre los cariños idos...

Sí, ya sé:
la esperanza en el aire, pero no la veo sonreír, perdón,
con los hálitos queridos...

La tierra, ahora, la tierra, con los llamados
[hundidos...

Me prestaréis, oh cabellos al viento, vuestras sedas,
para asir piadosamente a los llamados?

Siento que allá en el hondo, perdón, perdón de
[nuevo,
una soledad ciega alza raíces hacia ti, alma,
en busca, alma, de qué flores separadas?

Oh, los hilos que se adivinan
y que sangran, cortados, en la sombra...

Me prestaréis, oh cabellos al viento, vuestro viento,
para ir hacia abajo de la noche por los hilos
[desunidos?

Alma, inclínate
sobre los cariños idos...
mientras los cabellos al viento, alma,
os dan la ráfaga del descenso...

Pero vendrán, alma, los cabellos al viento,
cuando la esperanza en el aire está seca de almas,
y la tierra toda es de almas solas,
ay, solas,
muriéndose de nuevo por los perfumes perdidos?

Vendrán, vendrán
las dulces llamas del viento o las dulces fes del viento
desde su vuelo de divisas
hacia el gran sueño sin muerte...?

vendrán,
antes de que la sed,
la sed, la sed profunda que va más allá de la ceniza
dé cuenta también
de las heridas mismas de la ausencia,
todavía llorando, sin ojos, bajo nuestros silencios y
[las hierbas?

Mas no, alma, de pie,
delicadamente de pie en la línea de los grillos,
abierta como un oído imposible de esas azucenas de
[la sombra
–dulces sobrevivientes de la luna–
a las agonías que no pueden bajar, aún,
pero que ahogan el rocío...

Una es la noche, alma, desgarrada...
Una la del aire ilimitado y la de los tejidos
[profundos...

Y uno es el olvido de la muerte o el olvido de la vida...
Mas qué sabes tú de la memoria que te excede
en el héroe desconocido que ama desde siempre
y que amará siempre perdiéndose
con la fe de la semilla, en el pasaje sin fin,
para las respuestas sucesivas a todas las ramas del
[horror
aun a aquéllas de tu sangre
que tú crees tendidas, alma, desde el nunca del mar...?

La gran piedad, alma, es la del héroe,
pues que ella toca toda, toda, la cadena del tiempo...
Y esos cabellos al viento, con la edad del porvenir,
son, a pesar de su alegría, sí,
los del héroe visible...

El junco y la corriente

(publicado por primera vez, junto con *El Gualeguay*
y *La orilla que se abisma*, en *En el aura del sauce*, 1970)

Luna de Pekín

Sube la luna,
sube
en el filo del silencio…
Loto del silencio
de Octubre?

Y algunas espumas de los siglos, lejos,
nievan unas orillas
que ahondan más y más, en una suerte de ceniza,
unos pliegues
de follajes…

Sube la luna,
sube
con toda la palidez de Octubre, sobre el sueño
y frente a las montañas del Oeste…

Y yo también sobre la ciudad, pero flotando
hacia un mediodía que fue
de pétalos de cielo, ya, para el regreso de ellos…
para las miradas de
[ellos…

Verdad
que hasta pisasteis, distraídamente,

un mediodía
de jacarandaes?

Y para los amigos que miraron, tal vez, desde las dos
[orillas
de la brisa,
qué flores las del cenit?
Pero a vosotros, ay, los latidos míos que dejé,
qué os enviaría
desde esta agonía de la una...
(en el suspenso, es cierto, hacia las profundidades,
del dragón,
cuando allá, desde los cauces, otro pez,
vuela a su transfiguración,
arriba)

qué os enviaría que no fuese ese suspiro que os dolió
con la corola de ayer?
Y al cariño de Luis, de Raúl, de Hugo, Paco,
[Mario...

José Luis...
qué presente?
Esta luna, acaso?...
esta hostia de las edades
con la harina de Li-Tai Pé
tal como a su doble
en lo hondo,
dicen,
la eternidad lo igualara?...

La misma hoja, al fin,

hoy,
en las manos del agua,
para el domingo de los millones y millones de la
[participación
con el confín sobre sí
o bajo "la sonrisa que danza"...
y las "su-nas" que unen, nuevamente, la colina y el
[azul,
pero desde la raíz del
[ciruelo...

Mas, qué poderes los de un hilo
para administrar la poesía,
así,
y a manera de gentileza,
y en uno como vacío
del tiempo,
aunque en la punta del día...
y aún
en una lámina de Li-Tai-Pé?...
O todavía en una oblea de Emi-Siao
con las líneas de la golondrina,
a veces,
y de la hoz,
naturalmente
a veces?...

Sube la luna de Pekín,
sube
por el escalofrío...
a través de su pensamiento
sube

Y al caer del otro lado del otoño,
el viento de sus alas,
será ése, ése, que atizará sobre el anochecer
el lucerillo de ahí
oh, mis sentimientos...
y que deshojará, esta vez, tal el destino, no?
el otro cielo
de los jazmines
ahí...
Sube la luna de Pekín,
sube
por el abismo del "tao"...

Sube la luna hacia su "i"
ella,
igualmente...
hasta la libertad, por un minuto, de su abismo,
una con el abismo,
sube...
Sube la luna de Pekín...

En las gargantas del Yan-Tsé

Qué oyó Tou-Fou, qué oyó
en estos silencios que no dejan de subir y a la vez de
[caer,
fluidos de iris,
así,
a pesar de su espanto sin tiempo?

Sintió, solamente, como Li-Tai-Pé, que se prendían
[unos gritos por ahí?
Y el vértigo de la piedra,
y el vórtice de la angustia
que no admite, de improviso, ni siquiera su agonía,
de paja,
aleteando, invisiblemente, casi,
en un junco...
que no admite ni eso para perderse, para perderse,
[en seguida, en un sin límite
de congoja... o de niebla?

En el Yan-Tsé

Oh, las figuras del cariño, dónde,
dónde ellas?
Llueve en mi corazón y llueve sobre el Yan-Tsé...

Pero por qué no estáis aquí,
vidas, oh dulces vidas, a las que yo no sabía en otro
[espacio, también,
que el de mi corazón...?

Llueve en mi corazón y llueve sobre el Yan-Tsé...

Por qué no estáis aquí
enjugando conmigo o tratando de enjugar
el gris de Octubre?

O no seríamos, ya, junto con el río de la media-tarde,
más que unos hilos, unos hilos
para una suerte de trama que la melancolía misma
[está perdiendo,
perdiendo?

Llueve en mi corazón y llueve sobre el Yan-Tsé...

De lágrimas Octubre, aquí, y acaso,
allí...

Pero allí será de alas, alas hasta en los pies, y aún en
[medio, no?
de unas cortinas de nupcias,
y con mandolinas todavía por ahí...
[por las heridas
de los pajarillos, no?
que corridas las cortinas, han de abrirle
[repentinamente, no
las fugas de los confines...

Volará y bailará, no? de jacarandaes...
Mas estáis aquí?
Os miro a mi lado, los ojos en los míos...
De quiénes o de quién las estrellitas que mojan el
[minuto?
Unas pestañas, entonces, de nadie?
Y me doblo como
[un sauce...
Y sigue lloviendo en mi corazón y sigue lloviendo,
[lloviendo, lloviendo...
lloviendo sobre el Yan-Tsé...

Fue en la lluvia de Husan

Se me perdió su sonrisa, ay, por el medio de la lluvia,
y por la rueda, luego
de la gentileza
que daba, por añadidura, a un celeste y a un azul,
[finamente agrisándose
en un lago y en unas islas,
y palideciendo, todavía, en el mariposeo
de unas memorias de linos...

Cómo, del capullo de la garúa, cómo esas alitas
por olvidarse, casi?
Y de qué llovizna, de cuál, ese sauce y ese puentecillo
de Ma-Yuan?

Se me perdió su sonrisa...
Pero en el anochecer, y unos minutos antes de que el
[tren
se desgarrase y nos desgarrase:
todos, sí, todos, por nuestra melancolía a la deriva,
todos,
muselinas de la estación:
ella corrió hacia mí,
quemándose, quemándose, en una manera de agonía
[poco menos que al blanco...
quemándose

sobre unos brazos que cerraban
unos arcos de acero para ceñirme en vilo
por encima del humo
y de la señal que lo seguiría,
hasta, quizás, una lluvia que nunca oscureciese,
[nunca,
tras unos cristales que miraran
a Tou-Fou mismo, a Li-Tai-Pé mismo, a Su Tong Po
[mismo, a Wang Wei mismo,
tal como en ellos mismos, al fin,
los perlara la eternidad...
Y desde los duendes, naturalmente, nosotros, esos
[duendes,
ésos que les hacían
perder, a menudo, su sombra
bajo la luna...

“Toda la dulzura del mundo...”

Oyendo una canción pastoril, así titulada,
sin autor y sin fecha precisa, compuesta,
según se dice, en el valle del Río Amarillo,
casi en seguida de una gran inundación y
frente, ya, a los carros de la guerra.

Toda la dulzura del mundo...
Por qué esa melodía acariciando así las brumas
que oscurece, ya, el frío?

Toda la dulzura del mundo...
La voz, entonces, un junco, bajo el viento sin nadie...
y ama a la sombra, aún?

Y hacia quién el suspiro por encima de la colina que
[ha perdido,
misteriosamente, la esquila?

Olvidó, acaso, él,
olvidó,
que en el país no se comía y estaba, ahora, de “luto”,
de “luto”, en seguida,
casi en seguida, ay, de que lo despidiera como un
[limo el Amarillo?

O se dirige, tal vez,
a lo que, naturalmente, no sabe todavía,
pero siente
en el extremo de sí, o en el lugar, quizás, del ala y del
[escalofrío,

o en ese azul que resiste
y que no sabe, tampoco, qué es lo que lo sube, qué…
hasta tanto no destila
una gotita sobre la nieve?

Toda la dulzura del mundo… toda la dulzura…
o toda la dulzura del rocío que no llora,
[tímidamente, aún,
en un silencio de jade, arriba?

Toda la dulzura del mundo…
O son, acaso, el aire y el agua, los que,
[crepuscularmente, se modulan
y se libran en ese hálito
para redimirse, en un minuto, de los filos y de las
[avenidas,
y dar a respirar y a beber, así,
hasta a la asfixia y a la sed de la eternidad misma,
toda la dulzura del mundo?

Al Paraná

Yo no sé nada de ti...
Yo no sé nada de los dioses o del dios de que naciste
ni de los anhelos que repitieras
antes, aún de los Añax y los Tupac hasta la misma
azucena de la armonía
nevándote, otoñalmente, la despedida
a la arenilla...

No sé nada...
ni siquiera del punto en que, por otro lado, caerías
del vértigo de la piedra
bajo los rayos...

No sé nada...
O sé, apenas que el
[guaraní te asimiló
al mar de su maravilla...
y que ese puma de tu piel que te devuelve,
[intermitente, el día
lo tomas en un rodeo, no?
de tu destino...

No sé nada...
Aunque me he oscurecido, en ocasiones,
[al sentirte, arriba

entre un miedo de basalto,
buscándote,
buscándote
sin el ángel del sabiá,
aún...
Y me he recobrado, luego, contigo, en la Anaconda
[que decían...
y hasta cuando denunciabas
sobre ti
a los máuseres de las
[Compañías...

No sé nada...
Aunque te conocí, ha mucho, allá, allá donde mi río
es de tu eternidad
de Palmas...
y por el salmón o por el rosa de
[Ibicuy
y por las
[lunas de Zárate
y por la línea de tu agonía en el estuario, finalmente
del alba...

Mas éste sería
tu sentimiento,
y éste, acaso, el misterio que pareces bajar
[desde los mismos
torbellinos del círculo?

No sé nada de ti... nada de ti...
Es, acaso, decirte enteramente, decir tus avenidas,
[sólo,

al fin,
de silencios sin orillas,
que podrían ser, es verdad, derivaciones de gracia
[corriendo a redimir
oh Canals,
la palidez del Norte?
Es, por ventura, presentirte, siquiera,
el acceder únicamente a las escamas de tus minutos,
bajo lo invisible, aún,
que pasa...
o a las miradas de tus láminas
o de tus abismos,
en los vacíos o en las profundidades de la luz,
de tu luz?

Y se podría hablar de ti,
intimando, aún por años, con las figuraciones que
[reviste, diríase,
aquí y allá, la corriente
de tu ser?

Oh, no...
no se podría, me parece,
tocarte todavía
así...

Cómo
entonces, cómo,
asumir tu duración sin probabilidad de
[disminuir
tu tiempo, tal vez, de dios?
Y en el tiempo de un dios, qué de los que
[vinieron a apagar

las hogueras que te
[amanecían...?
y qué de los monosílabos que presumiblemente
[respondían a las gamas
de tus espesuras de flautas
y que se desconocían entre sí,
al llegar a interponerles, tú, las seis o
[siete leguas
que entonces te abrían...?

Y qué de los dueños que arriaban, de arriba, todo un
[río de mugidos
hacia los potreros que fluían, aquí,
y que sólo detenía tu hermano con esa vena del
[naciente o ese azul
del surtidor de las avecillas...?
Y qué de aquel de la "Rinconada"
[enfrentándolos, el único,
más "adelante" que el siglo
y junto a la aorta del "país"?

Y qué del otro que te cruzara por tres veces
para salvar a Mayo
de los cuernos de la derecha y de los cuernos del sur...?

Qué, pues, todo ello y lo demás,
si tú no sabes y no podrías saber, por otra parte, de
[las milicias de la ceniza
ni de una sociedad de sílabas
ni de una codicia de millas...
ni menos de los intercesores de los últimos,
como tampoco de la caballería que se atreviera a
[rescatar

el sol... de las neblinas,
para el "interior" al "exterior" no? por ahí: del azar
[o del olvido:
qué...?

"Maya", entonces, asimismo,
para ti...
"Maya" las llamas y el vocalerío que
[se entendía...
"Maya" la cuaresma
sobre las lenguas de tus orillas...
"Maya" el despojo y la lujuria
[de praderías...
y la vista en alto, y la orden de las cañas, triplemente
[vadeándote,
por los derechos del día...?
"Maya", con más motivo, esos celestes de tus pupilas,
o de concentración,
en que, místicamente, desaparecerías, o poco menos,
[con tu tarde, sí,
en la palidez del uno,
allá,
a no ser unas pestañas empequeñeciéndose en
[un cielo
o en un infinito de islas...?

Y "Maya", así,
ésta, si se quiere, sensibilización de la ausencia, ésa
[en que tú libras
o recreas,
con unos signos que huyen,
el rostro mismo diríase,
del éter...?

Pero no sé nada de ti.
Nada. Nada.
Y hace, sin embargo, diecinueve setiembres que te
[miro y te miro.
Mas, es cierto, te miro
con los ojos de aquél a cuyo borde
[abrí los míos...
No podría hacerlo sino así.
He de llevarlo, bien íntimamente, y a la izquierda,
[claro, del latido,
y es él, sin duda, el que me haría
[preferir
tu enajenamiento en el cielo
a esa piel que hubiste, muy significativamente, de
[investir
por ahí...
y que asorda los momentos en que debes de
[sentirte
más leoninamente contigo...
Pero por veces, es verdad, sin una pluma que lo
[explique
desde el secreto, aún, del aire,
flotas por el atardecer no se sabe qué alma
que suspendiese como el fluido
de una inmanencia de cisne...

Mas ve, ve:
sigo mirándote, mirándote, con las niñas
[del origen...
Y todavía de aquí,
de aquí,

en que por ceñir, o poco menos, a la ciudad a
[la que hubiste,
sacramentalmente, de "alzar"
una "debilidad" más que de padrino, no podrías, no,
[naturalmente, reprimir...
Y es así
que aun en la tempestad que te estira hasta el
[confín, diríase,
en una unidad de siena
que quemase el caos... el caos...
pareces desplegarte lo mismo que una
["cinta" para ella
detrás de los vidrios
y sobre la barranca que le
[cincelaran todavía...

Pero perdóname que
[insista
e insista:
no sé nada de ti. Nada, en realidad, de ti. Y no podré
[decirte jamás...

No es una "madera"
sino un "metal", o los metales, mejor, o más de
[acuerdo, aún,
las ráfagas de unas tuberías,
o las ondas de unos hechiceros,
lo que requeriría eso que recelas
bajo lo femenino en que te prestan las
[veleidades de las horas
en complicidad con las estaciones
y con tu infidelidad misma

al que nombras
y con la visión, de un mediterráneo,
[que vela
el idilio, ay,
de unos sauces en ojiva
sobre el sueño de unas muselinas que espectralmente
[despabila
el después, sólo,
del cachilito,
plegándolas en seguida, y
[envejeciéndolas al punto,
en un final
de escalofríos
que marchita hasta las cejas, hasta las cejas, ahí,
del anochecer...
No sé nada de ti...

Y no podré decirte nunca,
[probablemente...
nunca...

Pero deja que, al menos, te despida unos pétalos
de ese ángelus de mis gramillas
que desciende casi hasta el agua
cuando ésta
pierde sus ojeras
y da en hilar, fúnebremente, con la primicia que deslíe
el duelo de arriba,
la raíz
de la lágrima...

No sé nada de ti...
Nada...

A Juan José Saer

(En su casamiento)

Con qué estrella, pues, las nupcias, si querían
todas el anillo?
Y no celaría la propia noche, asimismo,
a la elegida?

O qué dirá cuando la dejes por el círculo
que viaja
y desciende, desciende
de una luciérnaga a las briznas...

O a través de los jazmines que a los suyos
[replican,
y tras el vidrio,
por el círculo de la lamparilla que
[equilibra y hechiza
la hora en desliz...?
Mas porque de otro lado has de tener este halo
al regreso, o mejor, a la subida
del "limbo"...:
el halo pronto a tender
la sonrisa que habías menester al bajar, también la
["velada"
por perder pie
ya que a esta misma, entonces, no podrían
oportunamente advertirle

sus pupilas de escalofrío,
pero que aún ha de curvarte, aún, sobre las
[líneas a asumir
esa sangre siempre encima,
ay, de los filos
o abierta por ellos
cuando deben cruzar las hojas de un relámpago y
[verterla
sólo sobre los grillos...

Y porque has de tener, también, aquella bienvenida
de una
[fosforecencia al anochecer
de tu fatiga de ciudad por hundirte, casi, hasta el
[desvío
que te accede
póstumamente, en lila...

(Mas antes, es cierto, has de tener la providencia
de una nube
para enjugarte el mediodía
y pasarte la gama de los graves con esa piedad
[de muselina
que embebe el minuto...)

Pero principalmente, en aleluya por
[esa trinidad
de la luz
despojándose
[sobre tu vigilia
con su final de espíritu en el modo de
[un nimbo...

Y porque ello, todavía
será en Colastiné o en el aura de Mario en el aura
[por sentir
de Hugo en camino,
para la vecindad de otra existencia, así
de "rosas de orilla"
apurando su "contradicción"
en la aventura de trascenderse sin cesar,
[abriéndose a la brisa
de todas las "frondas"
e igualándose a los momentos, que
[al leerlas,
les abisman las
[mariposillas...
Y en la fidelidad desde luego
bien que casi en lo invisible
al limo del tiempo...
y no sin armar, indudablemente, esa seda de la que
[ellas, al fin,
sólo se responsabilizan...
por todo ello el canto, además, a la subida
de ese amanecer
que a su
[pesar, quizás, hiera,
por ser de rosas, justamente, el rosa del idilio
que deslíe
el litoral por ahí,
aunque a fuerza de desgarramientos, primero, y de
[todas unas vísperas
en la oscuridad, luego,
ellas lleguen, poco menos,
que sobre sí

a flotar y a radiar, y hasta ceñir
desde adentro, a la vez,
los silencios, precisamente, de los gritos
de esos silencios
de que se vuelven, como hojas, los oídos que aún se
[miran,
y se miran,
a una fatalidad de rimas…

Y alcemos el corazón, amigos, en la copa de las
rosas, que es decir
la del brindis del día
con la mano que, en levitación, ha de seguir
el ala del latido,
y que será, también aquí,
la del día
del día…

Letra

para "La niña de los cabellos de lino"

Por los campos va la niña perdida en la dicha
amarilla. Hada
de los trigos, alada sobre
los ojos
de las amapolas y los narcisos…

Va la niña
con ojos más ligeros que el abril del cielo…
Va la niña,
va la niña…

Y ella no sabe
que la tarde será del río…

Ella no sabe que el olvido de la nube
sobre la colina eterna
canta en ella silenciosamente dulce,
oh, dulce silenciosamente…
oh, dulce silenciosamente en ella
como el aire…

En el nacimiento de Claudia Silvia Gola

Él ha dicho los árboles...
Ella dirá
las alas de los árboles...

Él ha dicho el día del silencio...
Ella dirá
lo que llama al silencio...

Él ha dicho el azul...
Ella dirá
las arenas del azul...

Él ha dicho el mirar...
Ella dirá
el fuego
de los ojos cerrados...

Él ha dicho la llanura sin fin...
Ella dirá
el álamo sin fin...

Él ha dicho el viento profundo...
Ella dirá
las raíces del agua...

Él ha dicho la soledad del aire...
Ella dirá
las manos del aire...

Él ha dicho las nubes...
Ella dirá
el destino de las nubes...

Él ha dicho la tarde invisible...
Ella dirá
lo que divide la tarde...

Él ha dicho el filo sobre el camino...
Ella dirá
la cinta libre del tiempo...

Él ha dicho las hierbas hacia abajo, sin nadie...
Ella dirá
los hilos entre las hierbas
y las abejas en los hilos
bajo los "aguaciles"...

Él ha dicho la fuga más allá de las hojas...
Ella dirá la eternidad de la hoja...

Él ha dicho el abismo bajo el vuelo...
Ella dirá
la florecilla sobre el vértigo...

....

Madre Poesía que estás en el río
sin mar:

haz, haz que ella sea en la línea que tiembla
por los latidos de él
cuando llegue la hora de ella
bajo las espumas y las velas
como otra onda secreta que sube y sube
para ti…

A Hugo Gola

(por sus 25 poemas)

La culpa, amigo, igualmente, sería
de tu corazón
si no podemos, ahora, más que quemarte un hilo
de gratitud
por el aire que te debemos
desde cuando
temblándote demasiado, oh, demasiado, de los
[caminos del azul,
igual a una golondrina,
debió, él, ser despedido, y de este lado de la
[línea, aún,
despedido al aire...

Pero cómo corresponder, verdaderamente, al
[aire?...
Mas el Domingo, el Domingo, el Domingo,
[traspasaría
las ventanas
[de la pesadilla...
y fuesen los otros, entonces, fuésemos nosotros
[todos, quienes
giraríamos con el aleteo
sobre el
[cielo del rocío
o del cielo del lino...

ya que el aire espumaría, a lo sumo, en esos visos
o ese diluir,
fuera del no, se sobreentiende, a los remos,
desde lo inconsútil...

Aire, él, así, de perderse en el aire
para inscribir las albricias que
[excederían los vidrios
y despabilarían la melancolía...
y aire para las
[albricias
del propio silencio...
y celestes para mojar los pies

[de los soplos,
y transparecerles,
aún, las ondinas...

Aire para respirar el confín, y más abajo y más alto
[del confín,
hasta los trigos
[que han de subir
y los que han de descender, ¿por qué no? en las
[dehiscencias de la luz,
con la madurez del ángel...
y aire para respirar las fuentes, aquéllas, de que
[sabía la varita
del niño con el lebrel...

Aire para reconocerse en la extrañeza
del amanecer...

Aire para no morir de amor y de nada
sobre las azoteas que han quedado, repentinamente,
[sin nube...
Aire para hacer que las sílfides de Junio, aún,
se olviden de la vía pública,
y se desnuden, delicadísimamente, en el hueco de la
[palma...
aunque en un nadie, al final
por caérsenos
y por írsenos...

Aire asimismo para el escalofrío que nos corra, de
[pronto, hacia el nunca,
los visillos del atardecer...
Y aire de solcito para enjugar la tempestad
y empinarnos, otra vez, desde el alba
de rodillas, aún,
hacia el flujo de la radiación,
tal el maíz que, luego de los doblegamientos del sur,
enfila, matinalmente, el estío
y vuelve a rozar, lo mismo que un río, lo invisible
que pasa
por la siesta misma...

Aire para librarnos del muérdago de las palabras
y de las telarañas de la visión
y del cementerio de los visajes,
de modo que la inocencia de la sangre sea, sin más,
[la que mire y sea mirada
por las "visitas" del límite...

Aire para no llorar, sobre la cima de la noche,
por el cereal y la vid que mediaron

mientras pudieron ser, ay, la participación de la
[harina
y el trasiego del sol mismo
tostándose a las cigarras...

Aire para la fe en la cabellera que no se percibe
sobre el fin de la danza,
pero que ha de proseguir, aunque en la pleamar,
[y aunque quizás, ensombreciendo
[las medidas...
que ha de proseguir
abriéndose a la melodía
que no yacería, entonces, a los pies del sauce,
sino que continuaría trasminándolo, arriba, en la
[marca de la "celistia"... o de la luna...

Aire para desasirnos de los hábitos, entre los
[zapatitos de por ahí
o del baldío,
y el vahído de las galaxias...

Aire para no perder nada de la ribera... ni el limo...
ni un ánima de los pajonales
o la grisalla...
nada
antes de aparejar...

Aire, así sea de duelo, para esas lilas que exhala
[desde la eternidad o poco menos, el aire,
cuando su corazón mismo
palidece, infinitamente, sobre las velas...
y el agua, y las islas, y el suspiro de las islas, fina,
[fina,

en la aspiración del este
y del fondo...

Aire para ese secreto de equilibrio cuando Marzo
[termina
de flotar, al fin...
y de ultrazularse, sobre el véspero, al fin...
y cae, cae, en un deshilamiento
de olvido...

Aire para esperar del otro lado, ya, la ramilla [que
[fuese:
la extremidad, por ejemplo, en plata,
del medio,
a fin de posar, de algún modo, el parpadeo que erraría
[por la
pena, aún,
de un estuchecito,
o de una puntita, mejor, del cariño...
y para esperar, también, el viento,
y poder apurárnoslo todo, después, a la manera de
[un álamo...
y la prima tarde, todavía, que tirita
con menos frío, tal vez, que por allá para
[prestar un asilo
a sólo, acaso, una ausencia...

Aire para escapar, asimismo, al país
de los descubrimientos con el "amigo",
o el "cómplice", en verdad, que los orejeaba,
[invitándolos a sobrevolar
o a pulsar, invisiblemente, los límites...

y en cuyos estremecimientos, al igual que en las
[gramillas, fluían, ya, todas las pistas
de los misterios...
Aire aún que se retiene, serenamente, a favor del
[fosforillo
que hacemos, ya de los huesos,
en relación a ese hálito de sombra que, de improviso,
[antes nos asía
con la retirada del mar
y las aventuras de la semilla,
y que nos obligaba a bajar la vista, todavía, al
[empuñar, en una ráfaga
nuestra sensibilidad de juncos...
más hálito que ahora no podría, no, no podría
con esa llamita
cualquiera fuese su línea...

Aire frente a los hechizos de la intemperie desliéndose
[al sitiarnos
pero para mejor vaciarnos, se diría, en ellos,
o dejarnos, al fin, en el sitio...

Aire para el hastío que se hiela, nuevamente, por el
[mismo
espliego en alma,
más allá de esas ramas en que el sentimiento, otra
[vez,
no tiene, no, no tiene ni una hoja
y ello, justo, cuando no nos hemos decidido,
[todavía
entre las canonizaciones del campanil
y las “veladas”
del ave

que, sobre las crestas del tiempo, percibidas, al
[parecer, solamente por ella,
desgarra el sueño del mundo...

Aire para la neblina que nos vuelve, una mañana, al
["principio",
a antes de la chispa
del círculo en cuyo centro ella floreciera
y donde diese, consecuentemente,
el fruto del centro...
ese fruto que, luego, no gravitaría, de ningún
[modo, por la calle
que encendían, sobre todo, unas manos
y unos títulos...
pero que no puede, ahora, amanecer con las sonrisas
[y los brazos
que deben amanecer,
pues la bruma ahoga a éstos...
los ahoga
junto con el fojerío y las vidrieras que se destilan
[y la basca que nos hinca
desde la plaza
en anticipación de la plaza
y el paraninfo...
Los ahoga
en un mismo destino de cinc, pero de óxido de cinc
con una vaguedad de mollina...
Mas, aire, seguramente, frente a las tentaciones del
[regreso
o las químicas, quizás, del final...
y aire, aire, para las fundaciones que quepa
entre las blandicies de blanco...

no sólo, no, los dedos que se nos tienden en
[gamuza...
ni el planeta por saltar sobre sí:
en la urgencia de bases, bienvenidas, desde luego, las
[que nos facilita
el mineral que nos arma, también,
desde las colinas a los nevados:
y bienvenida la corriente y bienvenido el follaje
[y bienvenida
la piragua
y bienvenida la cucharita...
y bienvenido lo que pesa y nos da el hombre, todavía...
y nos defiende, aún...
o la exclamación que nos estalla la azucena
desde las raíces...
o las sílabas que nos laten, ya, los surtidores
[que han de abrir
en las venas de la donación...

Aire, en fin, en apelación hasta a la caliza, sí hasta la
[caliza,
sobre el relajamiento de él mismo...
en apelación a lo que no tenga, en fin,
esta mollería o este gas
al que, por otro lado, cederíamos
en la debilidad por no ser sino algo de su
["pobreza" por ahí...
menos que una volutilla...
menos que uno, si cabe, de esos imposibles de
[armónicos...
y ello, a su vez, sobre los votos
y los llamados de todo orden que nos gritan,
[incesantemente, a las espaldas...

y ello cuando por la lejanía
duda, más que nunca, más que nunca, el violeta
[de las glebas...
y hay digitales que piden
y hay digitales en ofrecimiento...
y hay calzado de aparecidos, o de quiénes? en sueño
o riendo... o llorando...
y está la historia que nos atraviesa, y están
los tentáculos de las "luces"...:
la debilidad, es cierto...
pero la escala de Jacob, asimismo, para la
[comunicación de los abismos
y la lucha con el "enviado"...

....

Mas qué... amigo mío, en resumidas cuentas, qué
[son unos airecillos,
y aún contándolos abusivamente de sobre los aires
o el aire
que nos dieras a palpitar?

Y los entre-aires, además... y los trans-aires, todavía,
[de los descendimientos del éter
y de los ascensos al éter...
Y para peor, y un poco sobre el grito, allá, que no
[pueden emitir...
deslizándonos, hemos dado en hacer o hemos
[querido hacer,
iguales a una flauta, al fin,
aires sobre aires
o en el aire...

Pasen, pues, estos estambres por el humo o por el
[humillo, más bien, que apenas ha de verse,
de una acción de gracias
por el desplegamiento de flor
y por la incorporación de ese espíritu de las
[travesías y del nido
que el licenciamiento de tu corazón, amigo,
nos vale, continuamente,
desde, en verdad, todo el aire...

La orilla que se abisma

(1970)

El río

El río,
y esas lilas que en él quedan...
quedan...
No se morirán esas lilas, no?
Y ese olvido que es, acaso, el de
[unas hierbecillas
que no se ven...
Pero qué rosas se secan, repentinamente,
sobre las lilas,
en el hilo de las diecisiete,
entre la enajenación del jardín
y la ligereza de las islas, allá, para sugerir hasta los iris
de lo imperceptible que huye?
Oh aparición de Octubre
abismándose en un aire que quisiese de lilas,
sólo de lilas,
para no ver el minuto
de que no saben, probablemente, por ahí
unas briznas...

El jacarandá

Ah, él me pregunta, me pregunta...
y quiere como adelantar, tímidamente,
una suerte de manecillas
hacia un secreto mío, o nuestro, que él desearía, al
[parecer,
poner de pie
y unirlo al suyo...

Por qué si no ese misterio de "helechos"
abriendo siempre su brisa
contra el cristal, ay,
o tendiéndola en el vacío, en seguida, ya más
[íntimamente,
pero apenas, oh, muy apenas...
en el vacío
de una melancolía sin visillos?

–Si –me objetaríais–
el jacarandá se fuese arriba, más arriba, es cierto, de
[los pisos,
en busca de su cielo entre los paraísos,
y éstos, naturalmente, le asignaran a su respiración,
el lado de tu ventana:
qué mucho que sus "plumas" den en los vidrios, así,
y ensayen aún tu aire?

–Eso es una "verdad" –os susurraría–,
mas me permitiríais insistir en lo que invita
[hasta a mi sueño?:
el jacarandá, de ese modo,
al nivel de otra transparencia que
[aspiraría a tocar,
tiende hacia ella, tal un ciego, unos escalofríos de
[ramillas,
para despertarla, acaso en su raíz:
el mismo anhelo, pues, sobre los azares del espacio,
de respirar el azul y los rocíos de la
["celistia",
desde la memoria de los grillos?

Y qué haría, entonces, –os pediría me lo dijeseis–
qué haría esa nada
o esa ausencia que no sabe
de sí,
y para la cual, él, alista continuamente sus palpillos
y una como fe…
qué haría esa nada al lado de él,
que así, de hojas,
sube y sube, curvándola,
la fuente de la identidad
en el surtidor de la música…
y vuelve verde, para danzar, todo de alas en
[la luz,
al "hijo de la noche"
que es nuestro hermano, igualmente, de sombra,
entre las napas del ser,
con su mismo sentimiento hacia las flautas?

Y qué haría la tristeza, o qué? luego,
llevando en su olvido, hasta cuándo? unos dedillos
[de jacarandá
que lo llamarían a la melodía
o a las perlas de ese silencio que baja, melodiosamente
[también,
de las pestañas sin tiempo...?

Que haría, sobre todo, ella, aparte
–habrá de mirar, ay, pronto, de otra palidez–
o qué haría en los hilos ya, de las hierbas y los hálitos?

O es que lo imposible de las voces
–oiríais, desde aquí, el crecimiento de las
[margaritas?–
se buscarían sufriendo, sufriendo todavía,
en la fuga de la soledad,
hasta la chispa y la enajenación, allá, para unos
[pétalos,
sobre las líneas de los abismos?

Estas tipas

Sí,
yo también adoro las sombras,
oh Junichiro Tanisaki...

Las sombras...
esa detención de los secretos de la penumbra, no?
en una ceniza de pedrerías
que quemara, no? el baile de unos geniecillos...
ese abatimiento de párpados
o esa profundidad de aleros o esas serpentinas
[que vacilan
hacia estanquecillos de misterios...

Yo también adoro las sombras
contra el "hada" de Dufy, ay, que han llevado hasta
[agredir
a la noche misma
que quería sólo girar bajo las medidas que le abrían,
[arriba,
los suspensos de las islas...

Y asimismo las adoro
porque no dejan de devolvernos, aéreamente,
[al mar,
cuando lo solemos perder
tras las banderillas del día...

Las adoro, cierto,
pero estas "jerarquías" de Abril

que en la media tarde fluyen, fluyen de las
[“tipas”
y permanecen a la vez
me vuelven, en una mirada que sería de las diecisiete
[mismas,
otro celeste para ellas...

Oh, si quedara,
madurando, dónde? lo que ya no seríamos,
un·descendimiento de “espíritus”
y se pudiera dar, como un presentimiento, a
[quienes lo
hubiesen menester
desde el “río que no inmuniza”, aquí...,
o desde esas manos que llamean en lo invisible,
[aquí...
si se les pudiera dar, siquiera,
mas naturalmente, tal el infinito que
[respirarán,
siquiera, unos minutos de esta mies,
o de esta eternidad, mejor, que no termina, no,
[de asumir,
la cabellera de las “tipas”...

Las "viborinas"

Las "viborinas", bajo la lluvia, tiritan
                        y se doblan
        sobre su propia gasa...
O es que, bajo el destino, en un juego de nieve
                        puerilmente
                                doblan
un a modo de melodía
        que no puede, ay,
                        huir?

                                        En el rocío que sube,
                                                    ellas
                                        más blancas que el día...
Y la luna dejó "viborinas" en la penumbra?
Y el suspiro de las sombras
                        dejó novias
        en esta "orilla"?
Y lo desconocido que no llega a respirar
                                dejó
        desvanecimientos en la hierba,
                                de cera?
        hasta volver, él mismo, ya en sí, por ellos,
                        con las alas de la una,
                        para revelar a las gramillas
                        su brisa de "aquí"

mientras enciende, febrilmente, la del cielo,
que ha de deshojar
con un azul de escalofrío
después...
antes de ser, ay, otra vez, la herida de la nube
sobre la hoja que la divide
de qué cinc?

Alma, sobre la linde...

Alma,
sobre la linde de ese aparecido de amarillo
en una acequia de limbo,
alma,
por qué tiritas,
si la melancolía, no lo ves? pasa a su cielo, allá,
casi en seguida
encima del platino que pareciera el *en sí*
del río,
y encima del infinito que se redime,
agónicamente,
de las islas?...
don de amor, por qué no?
ella,
don de amor que se revela, es cierto, luego de cernirse
por un imposible de hojillas
y un imposible de nomeolvides,
pero que no puede menos de estirarse y estirarse,
[arriba,
en una iluminación
de hilas
que querrían curar la lividez, aún,
de la frente del anochecer
con una demora de rosa solamente, ay, solamente,
[todavía,
para la veladura del fin...

Es que Junio, en este momento, por ahí,
sube, sube de los juncos,
y afila hasta el cielo las pestañas de la soledad
contra las "ánimas" de la crecida,
todas las "ánimas"
que ni al unirse, paradojalmente, y ser la propia
[desesperación
del aire
yéndose por sus heridas,
no han de tener otros ecos que ésos de sus letanías
en una invocación como a sí mismas,
se dirá,
en la misma espiral que anhelaría tocar, ay,
el sentimiento de Sirio...
ello en la línea de ese juego que ha de repetir
en la mirada del miedo
o en la pupila, si quieres, del destino de esas lástimas,
los guiños de la eternidad
o las raicillas que hundirán los años luz,
en la quimera, también,
de la piedad de un abismo,
cuando los narcisos del origen, tal vez, con sus vigilias
[de milenios,
y mares de silencio
entre sí,
desaparecieran, en qué antes? bajo los remolinos
[de las tinieblas,
en las avenidas del éter...
o volviesen a su llamamiento del principio
por los países de Alicia
hacia el amor de una nube...

Pero qué podrías hacer desde aquí, o desde tras de
[los visillos...
qué podrías hacer, siquiera,
por esos prójimos de silencio
que en este momento han de atar a su "cubil"
para una vela sin vela
entre una vela de estertores y de chasquidos por
[ceñirles,
serpentinamente, las pajas?
Qué podrías hacer, di?
Podrías, acaso, desenredar ese silencio
a los fines de la voz
que enfrentará a las "diademas del sur",
sí, del mismo "sur"?
–Mas mi privación del presente
no me induce, no, a olvidar la privación que
["fantasmea", me permitiríais,
que "fantasmea" las lamentaciones,
o que "fantasmea", mejor, lo que el pajonal ha
[de decir
al aguzar una brisa...
Pero quién declararía, quién, que los mismos
[suspiros
que atraviesan unas muselinas
y se niegan, en realidad, de alguna manera,
los suspiros
al unirse y presionar, aunque misteriosamente, sobre
[las ligaduras del atardecer
o la mudez de los anegadizos
no pudieran ayudarles, así, a liberar su metal,
para cuando, a su vez,

deban ellas inundar las constelaciones de las vías
o del propio frío,
con el coro de las cuentas?
–Sí, pero mientras,
cuántos, cuántos, sin alcanzar una ramilla
sobre la espuma y los nudos…
los nudos…
–Quién sabe… las callosidades hoy día
se habitúan, ligerísimamente, a calzar las siete
[leguas…
–Y hacia ellos, después,
la invasión de lo que ahora sólo ha de dar contra su
[llanto
en el rebote del llanto?
–Si continuasen, desde luego, cerrando la "familia"
a las "compañías" del viaje
que deben de esperar, a cada diluvio,
[desde lo espectral o lo invisible,
y bajo las lunas, aún,
lo que en el Arca ha de venir
alguna vez, no?:
las cepas de ese linaje que irá
[salvando de su noche
a las sensitivas del agua,
en el camino de la mirada que no temblará, no,
[en la relación,
ni en la participación,
fuera de los niveles y de la tristeza,
tal vez…
o en el camino del reencuentro, a través del azul,
con el presente,
quizás,

de las criaturas de las profundidades...
y en esa caña, consecuentemente, sin divisiones,
[del sufí,
el hálito, nuevamente, uno, uno,
con la melodía...

Callad, callad...

Callad flautas... aun eso que os suspende,
[increíblemente, casi
de la eternidad, por un hilo...
y todavía el hálito con que os decís y decís
al oído de las gramíneas...

Callad flautas... o cortad, mejor, ese cabello de
[serafín
y ese espíritu sobre los tallos...
y cortad, aún, esa "vía" que le destiláis, desde una
[misma
marea de perla,
al niño del alma
cuando su propia vida, repentinamente, sin límites,
lo azula hasta sumergirlo...

Callad flautas... callad... por un instante, siquiera:
el silencio sin velos...
el silencio
que ha de llevar, quizás algunos "ñandutíes"
de las deidades que se desvisten
sobre el tiempo...
y algo de la palidez que se devela, aquí,
de los macizos
y de las hojas, todavía...

El silencio… no el rumor… no… ni el zumbido
ni menos el latido…
Qué hebrillas, pues,
que transparecen hasta lo invisible y que se traman
[en un río
en que debe de oírse
la lanzadera a sí misma?
Fue así el anochecer en que
[una vez pasó
ella,
de azucena,
sobre un río?

Del otro lado…

Del otro lado… mas de cuál de tu silencio, todavía
amarillamente me miras…
y allende el espectro, aún, tal como solías
hacerlo aquí
atravesando, además, merced a ese tu invisible
de topacios que trasminarían,
hasta los aparecidos
de la pena en el afuera, consecuentemente, del frío…
atravesando la neblina
que habría concluido por cernir
el nunca mismo…:
me miras y me dices con ese soplo tuyo que no
[llegaba a oírse
ni cuando, continuándome, lo tejías:
me dices
seca, amigo, tu vigilia…
sécala…
y desciéndele esas hojillas
que a veces le aíslan
la caída
al más abajo del río,
aunque para emerger el alma, es cierto, nuevamente,
[al celeste
extraviado en el vidrio
por el azoramiento y la humedad de unas pupilas

al asomarse al minuto…
Seca, amiguito, entonces, tu vigilia
pues nosotros pasamos no sé cómo, y en seguida
del horror que viste
bajo eso de la vecina, más si cabe, prohibido
a las mancillas
de los tachadores de límites
ya que sacramentaba no tan sólo la purificación de
[la familia,
toda, del “hilo”
sino de la “infamia” aun de lo visible
y hasta de lo invisible
que “tocaría”, en tal caso, a los bramines
con sólo una ramita
que, sobre la tapia, les rindiera unas púrpuras de
[Tirio,
o con un tallo que, colindando, les humillase unos
[racimos
de oro de Ophir,
o con la celebración, todavía,
que el atardecer, episcopalmente, les ungiera en
[amatistas
sus alardes de gasolina…
pues, pasamos –repito– en seguida
del horror que moriste
más que viste
bajo eso que no, no lo “lavara”, no, ni desfondando
[su lejía
sobre las tinieblas del ángel…
pasamos a una existencia que, de aquí, naturalmente
[extrañase
a lo que se llama vida,

pero en la cual, hojas y hojas en la orilla,
acaso,
del plenilunio del Nilo,
dan en fosforecer un rastreo de sombrillas
o de quita serenos, diría,
en una memoria de las que acá nos acogían
bajo el maleficio
que lloraba el propio "Ojo de Ra" hacia los fines
del estío...
me acogían con el "Negrito",
éste que, debajo de unas ruedas y sin concluir
su lacrado el "sino"
que dicen,
justo, ayer, me fuera restituido
con el hipo,
todavía, de la resina...
ése que, ¿lo recordarías?
jugaba a dispararme enlazamientos de sombras en
[cariños
de manguitos
cuando el jardincillo
a que con ustedes salíamos,
iba dejando sin sostén y en un modo de ánimas, tras sí,
unas estelas de jazmín...
ése, cuyo afelpado, al momento,
peinaba lampos que no habían aún aparecido
y azuzaba en chispas
la ultranoche, si me permites, que debía
a los dos requerirnos
con una soledad de efluvios
viniendo, quizás, de los desprendimientos que a los
[cielos del principio,

al deshojarlos, les impusieran
unos cataclismos...

Y ni qué decir: aquellas hojas de Isis,
tal vez, que tapizan
y pierden, lunarmente, las riberas de la divinidad que
[miraría
por nuestras niñas:
ni qué decir a un infinito
de éstas que "entristecen" para siempre, sí,
bien que por un humor de la pila,
la "gracia" de una heroína
de Lamartine...:
de éstas, las del círculo del Cesto y su final de
[remolinos
con el despido
contra las puntas del día
de unas risas cuyo "espíritu"
no podría extinguir
ni el apocalipsis
de los seiscientos caballos desatando,
[simultáneamente, la huida
y por su parte en el "giro"
también del "juicio"
bajo el otro de los clarines
que, desde las perchas de por ahí
desgarran, ya, la palidez y dan un anticipo
del "último" por venir,
para los "primeros" en galones por la hazaña de
[escanciar, y hasta el crujido,
las venas, más que las viñas
de los Josafat de esta orilla...

y en una medida
aun de galón por cada sed,
tras los cuarteles que, ahora, más estrelladamente, la
[signan
sobre sable, está dicho...:
de estas "heroínas", sigo, bebedoras pues de whisky
y no de la leche del cielo...:
de éstas que, habiendo contraído sobre su apelativo
unas jinetas, todavía,
resultan "obligadas", así,
no sólo a "dégainer" sino, además, a iniciar a sus
[chiquillos
en la valentía
de aplastar a unos recién nacidos...
y a la vista
de otra madre, al fin,
aunque, por nacimiento, ésta, en una piel que no
[debe, de consiguiente, al frío
ni al exterminio de nadie
en el linaje en que los siglos, atigrándolos,
[terminaran por tupirle
sus estambres en nubecillas...
de otra madre, pues, decidida,
oh, desde el "asco" de su condición y de su trance, a
[no huir
sobre sus seis agonías...
Y eso que hubiera podido hacerlo, tirándome
en rayos, hasta inscribirles
en cera
un entrelazamiento de líneas en despidos y corridas
[y vahidos
de estrellas y redecillas...

y la fluorescencia, además, de una suerte de Erinia
con azufres a la mira,
y desenvainándoles, aún, lunitas,
para jugarles, a un tiempo, la iluminación del
[“caído”
en la inminencia, por añadidura,
del “virus”:
ése que, entre otros beneficios,
permite, ahora, apagar con una bala, y contra el
[sueño, todavía,
de una puerta de por ahí
al fondo de un patiecillo,
losojos que confían a los ojos del bípedo, a partir
del cubil,
su segundo de eternidad...
y que nunca le han cerrado la velada
a lo largo de lo desconocido...
ni la tierra, aún, sobre lo desconocido
al llegar a latir, póstumamente, casi, aunque en lo
[audible
la apelación a la sima,
mientras aflora ésta, desde unos restos en disputa
con la ceniza,
esas llamas en que deben de seguir
el “aura” todavía...

Hubiera podido, yo, entonces, huir
a favor de ese pánico de cera que se resolvería,
albinamente, en lo íntimo
y esforzaría, luego, el mecanismo de ése (perdón,
[ése, otra vez) que me viniese
en quimera de nieve

a deshelar en el "jamás" la sombra que yo había
tan luego elegido
para mis dádivas a la luz,
sin sospechar, claro, que el secreto, ése,
[aparentemente, de los grillos
era la proyección sobre el baldosín,
de nada menos que la inviolabilidad dada a un
[ministro
de la "purísima"...

Hubiera podido huir, sí, hubiera podido...
y más cuando el terror les hubiese a una desprendido
los palos y el rifle...
Huir
y ganar en un vuelo la paz de la cocina y la alegría
de los reencuentros y de los mimos
seguidos de la sorpresa, es cierto, por el otro "vacío"
que me demorase tras la comida
aunque sin asimilarlo, desde luego, al "olvido"
de la "coronelilla"
desembragando hacia los céspedes o en dirección a
[las "mesitas"
según las devociones del "chic",
ante el llanto de los chicos consignado,
[maternalmente, al "servicio"
de los paños que no "servirían"
bajo los derrames, al grito, de la radio en paroxismo
como para desleír
el barrio, y no dejar en su integridad, a la vez, ni un
[tímpano en el mismo
con los descuellos en filo...

Hubiera podido, insisto, huir...
huir... aunque hubiese sido únicamente para
[corresponder a la aflicción que intercedía
ya sólo por mí
ante, por consiguiente, la "des-graciaílla"
que el camino
le cerraba en dueña...
aflicción que le allegaba, calando aún la algarabía,
la voz aquella de la salida
del baldío...
la que, primero, en ese diciembre de las diez,
descendiera sobre mis gritos
entre un enredijo
de guías en penumbra, al que ocelaba,
[intermitentemente, el oro de una brisa
de paraísos,
pero que mojaba todavía... todavía...
mi azoramiento de desvalida...:
la voz que hube, ahora, de adivinar como
[cortándome a la orilla
de un precipicio:
adivinarla a través del zumbido
–¿en qué laberinto?–
con que la deflagración, supersónicamente, me
[reverberaba no sabía
qué tañir
pero que resultase a pasaje...
y el que dije...

Mas yo que te rogaba, y hace rato, enjugar el
[desvelo,
y, por lo visto,

no hago, ay, sino abrirle
un Estige
que, contrariamente al otro, y a lo largo de la luz,
[sólo ha de permitirle
mirar por las heridas...
Y es que, mi amiguito, ese estupor que nos aplican,
ese estupor de vivir,
es el abismamiento, otra vez, del iris
en unas pupilas
que no pueden fijar ni nictálopemente, ni al segregar
[las estrellitas
que vio tu mujer, casi
en simultaneidad con las suyas o por en medio de los
[hilos
que extremarían,
goteándolo, su equilibrio...
que no pueden fijar
el sentido
de esa heráldica que, al parecer, finca
en ilustrar el "azur" de la especie
y el armiño
de un habido de bienes en mal, por otra parte, de
[raíces,
en abonos de peonerías
y en limos
patrióticamente, luego, de quintos...
en ilustrarlos con el suero, sin un respingo,
del "ínfimo",
y en las piezas, en piezas
de la "villanía",
y ello en "cruzadas", si en villa, hasta el país...
de las segregaciones... o del fondito...

Y es que, mi amiguito, las pupilas se me vierten,
[oscuramente, aquí,
al ver, como lo hice,
luego, de allá, y ay, por encima
de la rueca con que ya daba en reducir,
guturalmente, el olvido
de los cabellos del éter, y hecha toda un ovillo
con mis cachorritos...
al ver, te decía, una figura de humo que sin duda
[pretendía
regresar a sus papelillos
pero flotaba, curvándose, curvándose, muy arriba
[de las cifras
de los follajes de nieve...
o desgarrando algo como filamentos de cirros,
en desespero de lluvia...

Y es que, mi amiguito, me toca, seguidamente,
[reasistir a una cena de sombras en un tris
de ingerir, en verdad, su mutismo,
el que, de adentro, y por instantes, los conmina
con hundirlos
en un torbellino
de silencio de sal que les secara los ojos, y por más
[de unos minutos
si retornasen de su desvío...
Y es que, mi amiguito, se me vuelca, aún más, la
[vista
al rever, después, la asfixia
o poco menos, de ella, ya en el lecho, y con dificultad
[para emitirla...

de ella mirando por arriba
del pecho en hipos...
mirando y anegándose al asomarse, otra vez, a las
[dos simas
que antípodamente, o casi, le escurrían
la inminencia, sin revocación, de una manera de sub
[escalofrío
desde debajo de unos cirios
de aljibe...

Y es que, consiguientemente, mi amigo, es aún mi
[recaída
en la inquietud por la madrecita
a merced del remolino de otras lágrimas que, al
[parecer, no terminan
de mojarle lo inaprensible
de unas preguntas con nubes de las turbaciones del
[principio,
tal vez,
de la ramificación de eso que nominan
"el espíritu"...
(Las madres, mi amiguito, son una, una sola, sin
[abajo y sin arriba
de Kalíes y de Marías
y sin visible ni invisible, y a los pies,
todas, de los patíbulos...
Yo, por mi parte, en una circunstancia, yo me vi
–por cierto que ni a los tobillos
de Werfel–
yo me vi en los ojillos
de una ratonzuela, y te aseguro que apenas si llegué
[a castañear y todavía

como para mí,
los siglos y siglos y siglos
de las respuestas de centellas arrolladas en mis
[muelles...)

Y es que he de mirar, mi amiguito, y en seguida,
a él,
en una desesperación que le dobla la de sólo ver y
[sólo oír,
contra sus costillas,
a la congoja ahogándose en el flujo, ahora, de las
[sílabas que aspira
el vórtice de lo imposible
del cariño...
Y es que: es él que reincide, mi amiguito,
ante mí
pero pidiendo a una píldora
el trocito de nada que le quedaría aún por morir
antes de los píos,
en su miedo de la pesadilla
en acecho de unas ágatas que apelan y que apelan
[pasando por las fibras del llanto, las cuentas
de un rosario, por otro lado, sin cuento,
entre las Niobes sin cuento...
y de la pesadilla, también de eso que le maniatara
[hasta lo íntimo
de la participación, y así
le sellara la fuente que, por las pestañas, la habrían
siquiera dicho
en suspensiones de cernidillo...

Y es que asimismo me penetran, aún, los llamados
[aquellos al bajar, él, al sitio,

no tan ligero que no pudiera yo, en repliegue
de liebrecilla,
acogerme al mimetismo
del cañaveral en barcino,
a cuyo crepúsculo fuera, momentos antes despedida,
apretándome el espanto, todavía,
las tenazas, ésas, que cortaran, y por más de un ratito
la amanecida
de ronroneos, recién, de familia...
y alzándome, puesta al revés, a su vista,
para leer mi destino...:
los llamados... y al punto, la inquietud por lo que
[hacía
a mis víveres,
al azar de unos envoltorcillos...
y el empeño, luego, por regularizarlos, una vez
que simpáticamente, o algo así,
se conviniera una especie de citas en que ellos,
[entonces, investían
el sigilo
de la solicitud que velaba y que llegaba, aún, a variar
[los contenidos
y hasta nevarme en latitas
el sueño, justamente, de mi bulimia,
ése, que el seno en aridez de mi escondite,
aunque en "maternidad" de briznas
no hubiera podido, desde luego, escurrirme...:
y las maniobras por ir acercándose a través de la
[corrida
del "almuerzo" a la siesta,
y al amor, casi, de un perezoso con ojos por arriba
de la lectura, en mentira

hacia las primicias de jade, con ruborizaciones, del
[granado, al henchir éste la niña
de dulzuras, aún, en celdillas...
en mentira, pues, yo, en verdad, sentía
los rabillos
sobre mi avance en línea
bajo el hipnotismo
de algo que, ni con la embotadura de la "solapa" no
[habría
dispensándome de hacer crujir
lo que era, hialinamente, su misma túnica...
maniobras, entonces, que no sólo me iban
atrayendo al clima
de esa "inmovilidad" y de esa vela, aún, que
[amanecía
y anochecía en una esquina
del fondo de la casa en unos copos que, así,
me nataban, también, los dos suspiros
de la entre luz:
no sólo eso, sino
que en complicidad con el escalofrío
que empezaban a titilar, vespertinamente, y
[despojaba de improviso,
hasta mi abrigo,
(y tiznaba, ya, desnudeces de bracillos
sobre unos espectros de madréporas, tal como su
[calentura, consecuentemente, los fija
en la subida
a su frente de Abril...)
hizo
que accediera, muy pronto, a dormir
en uno de los nidos

de las "legos", a pesar del sobresalto de una nieve de
[huríes entre las estrellas, desde allí
aunque sobre el rameado, por otra parte, casi en lo
[invisible
el "acá" de su "paraíso"...

Ah, y me eriza, todavía
la sorpresa, luego, de un ánima inclinándose en la
[madrugada sobre otro cajoncito
con una brazada de lanillas,
toda hipos:
tres cachorros en depósito, expedidos
a la piedad que sabían...
y eran, claro está, unas perritas
o tres rollos de alba mas con la maldición que fuera
[mía
y trascendiendo aún a mamilas...
Ah, y me sigue extrañando, en verdad, que a los tres
[días
de intuir que ellas
monopolizaban, explicablemente, los mimos,
y que jugaban a reducir
a poco menos que calcetas a los regulares del "asilo",
sobre las uñas y los bufidos...
me sigue extrañando que fuera yo como arrollada,
[muy encima
de los intervalos del principio
por ese alud de patitas y dientecillos,
hasta resultar, sobre las estribaciones, de su hervor,
[aun a su caída
al valle, ya, si lo había...
hasta resultar un estaqueo de pelaje, sólo, a cargo de
[tres líneas

de furor que por su parte no cedían
ni una pizca de sí…
(Y de este modo fue cómo, ¿lo recuerdas?, después
[de la partida
en seguridad de las "junglistas"
que no la dieran, precisamente, a nada de lo que
[apareciese al ras de sus colmillos
en pruebas de "desgarrismo"…
cómo perdí del todo los remanentes de hurañez,
y cómo me sentí
en el centro, si cabe, de una providencia, con
[aquéllos que venían y venían
a ella, y los establecidos,
dijérase, ya, en ella, pero todos, todos, en seguida
o libremente, a un calorcillo
de amor que no llegaba nunca a cerrarles la salida
a su intemperie de esfinges
o a sus deslizamientos, por entre las mallas de la
[duración, a la "celistia"
y aun tras las escamas de Mana, en crecida,
hacia la melodía
no éxtasis, más lejos, si me permites, de las Miras,
o mejor, de unas "Miras"…:
de ese amor que pareciese haber venido de Lumbini
antes que de Asís
con sus extremos de oídos
para las ulceraciones a que, como con alas, o poco
[menos, ocurría
cuando, justo, otra vida
ensortijábase en ellas, y les sanguinoleaba,
pálidamente, es cierto, unos plañidos
que tocarían, sólo a las sílfides…:

amor que, entonces, se dividía
por el destino
de tales rizos de voracidad que, aunque con dedos,
[consiguientemente, en barbillas,
él debía,
él, el amor... decidir)
Y, ah, mi amiguito, últimamente, si se admite este
[corte en la unidad del siempre que asumí
gracias a la respuesta que, de chiripa
halló en tu sentimiento el azar, por otra parte, de mi
[aparición en el allí
entonces, de un sonambulismo
que se te abriría
consecuentemente, en brevedades de amaranto, más
[que de piedritas,
y uno con su desconocido
al buscarte, todas las veces, en los ojos, el minuto
de ser en ti...:
últimamente, pues,
entrecierro de nuevo, de nuevo, las siestillas
en esta casa, ya, de los Junios
y de los Julios...
o esos duermevelas, antes bien, que ronroneaba en
[un hueco del cobijo
de tus pies, y así,
daba en ahondar la manta, doblemente, una dicha
que en verdad ni medio-dormía
bajo el presentimiento de que en nuestro alrededor y
[en aquello que excedía
las dimensiones que destinan
al "sur", a ese "sur", tanto peor, con espinas
a coronar lo invisible

y a horadar, a la vez, el tiempo, cuando éste,
[imposiblemente, aún mira...
bajo ese presentimiento, prosigo,
de que por ahí
el "sur" amorataba, ya, no sabía
qué hálitos,
y qué llamados, ya, de ramas antes de quebrar, del
[otro lado, su quejido
contra el vacío...
mas dicha que, con todo, por momentos, te inquiría
[asimismo
reasumiendo sus ámbares en un par de lagunas en
[trance de morir...
te inquiría
por la estrella para la raíz
aunque la adivinara a merced de la marea que nos
[iba
acaso dirigir
detrás del espejo... : recaído
tú, quizás, en la presión de las profundidades cuya
[alma te habría
mirado por mis pupilas
en ese santiamén que precediese a sus preguntas
[madurando el "espacillo", ay, de una chispa...

Pero, pero... lo que en medio de todo, nuevamente,
[acá, me duele es el sonido
a lágrimas de la vocecita
de tu costilla...
Era el seno de la noche el que no pudo, quizás, sino
[irrumpir
articulando así

lo que hubiera estelado, líquidamente, la vigilia...
y entonces fuera un medio-decir
de llanto por los puros derramados bajo el ara de la
[misa
para la "pureza" al día...?
(Aunque por otra parte, las mayorías
de la "misericordia", tú lo sabes, se deciden a abatir
[la pared de los gemidos
por la que treparan siglos
de un canibalismo, en realidad, más que de un
[fratricidio,
que a ellas les volvía
las apelaciones como del vacío,
mas con salpicaduras de complicidad, todas, al fin...
y se deciden, aún, a prevenir
el flujo de esas inmolaciones que aguzan las crestillas
prontas a explayar para sus Baals o su transformación,
[por el confín, a la cadena, de las vidas,
mares y mares de vidas...
y se deciden, por consiguiente, a alzar, ellas, la actitud
que abatían desde el principio
las actitudes que se alzan sobre millones y millones de
[muertes por minuto,
y son, todavía, ungidas...)
Pero estaba ella llagada por lo que viera en aquella
[oscuridad
mojándome, ¿cómo? en un rocío
que le fijaba, acaso, un adiós de cerillas
a lo que ella me había también tendido
y de lo que de ella, asimismo
yo requeríle...

Y con todo esto, es la inmersión en lo que adviene y
[no en lo que es, en el anhelo de una alquimia
de donde emergerían, entonces, las figurillas
de lo único
y el estrechamiento en los vínculos
que nos ligan a aquello que tiembla más allá de lo
[que nos aísla
aún por las desgarraduras del sueño:
eso es lo que quisiera recordarte antes de irme
a lo que no es la piel, no, sólo, en unos haces de
[rayos, sino, además, el reasumir
la mariposa del ámbar, que aquí
nadie, nadie, ni siquiera, me parece, adivina
ni menos, por Dios! podrían adivinar las
["graciocillas" de herejías,
así horizontalicen
más, si es concebible, más todavía,
la molicie
que corresponde al "valor" de "cordoncillos",
en contante y en prerrogativas,
aunque de "papel" por la faz, diz,
con el dorado al revés en el revés de los fondillos
bajo el "azul" del peligro...
Y aquello, aparte de que llegando aún las úlceras a
[ver, tras de los límites,
en el desvanecimiento de jalde, sobre los rejos
que lo negarían,
la melancolía, en continuidad, del "Ying",
no podrán hacerse cargo del dolor que hoy tiende su
[agonía
despidiéndola de sus giros
hacia lo que presiente en planeamientos sobre los

[contrapuntos por fundirse
en las tensiones y distensiones que van de la misma
ausencia hasta el ángel...
y en unidad
con la sangre que linda
y extralinda
por las heridas aún del éter o de eso que no es,
[solamente, del aquí
que han establecido.
Pero la verdad, después de todo, es que he tentado
[mirarme en lo que habrías
esperado de mí
y desde ese sufrimiento que te abre noche a noche el
[olvido,
en una sangría
que no promete cortarse oyendo, a tu lado, el
siempre de unos ojos
deshaciéndose sobre la orilla
de su impotencia frente al infinito
en crecida
sobre otros que palidecen...
Mas es verdad, también, que los dos estamos, al
[final, en un lío
de serpentinillas
que no han podido menos de torcerse con lo que nos
[torcía
en el juego por cubrirnos
o cubrirte
del "miércoles" de "botas" por calzar, ahora la ceniza
para no dar "cuartel", dicen,
a los que ya comienzan a rehusar, también, por otro
[lado, la cuaresma que de arriba

se les inflige
y la enajenación, por ende, de la corambre, a
[aquéllas, y aun del mismo
"polvo" que pisan...
Y así los papelitos con que hemos pretendido
encortinar la velada
aparecerían, a pesar de nosotros, enredándonos,
[sarcásticamente, unas sonrisas
por entre los picos
de la del fin,
que se lastiman contra algo que tendría
más que el vidrio,
del cinc,
en el amanecer, advierte, del "embotamiento" a cernir
lo "inane" del gris...

Sin embargo, sin embargo, ya en la madeja de las
["simbologías"
pero tirando de unos hilos
en espiral o en círculos, si se quiere, sobre sí,
he de, a la vez, decirte
que no han de demorar tampoco, en el aquí de aquí
los ramos del Domingo
en las Pascuas, también del "ínfimo",
ya que no puede sino tenerlas tanto dejar de ser,
[igualmente, de semillas,
para el ser "justo" de la vendimia...
Por lo demás, ya sabes, no hay separación que se
[defina
entre muertos y vivos
en una como corrida
de temperaturas en dilatación o superposición, diría,
[de climas,

en pasajes que aún no se perciben...
y todo en un continuo de conciencia en que el amor
[va retirando hilas,
o trasparentándolas, más bien,
porque nunca, quizás han de dejar de herirse
los tejidos
en la punta de las olitas
del espacio-tiempo en huida...
Y de ahí esos ojos que miran, y miran, miran,
cierto, desde las campanillas...
y bajan, si cabe, hasta lo imposible
del cariño
que los retuvo una vez
y hasta se angustian con la angustia que no puede
[dormir
ante otros ojos que, todavía,
se les unen en una como ruina de misterios en
[pendientes de gotitas...
y aunque son los del desafío,
en cierta manera, a la creación, dardearían,
[dardearían
con los azufres del "maldito"
a la "maldición" misma
hasta lograr que ésta devuelva la sangre que pilló,
con "correderas", y todo, de "suris",
y menos íntimamente, con espasmos de timbas
["liquidando", ahí no más, sobre el tapiz,
bajo una urgencia de tiza...

Suicida en Agosto

Despertó, ya, en su "nada"...

Pero qué "nada" la suya, que dejaba, ahora, de dar
el tallo del ser
y de subir, al mismo tiempo, por él, como por el
[vano de una caña?

Más acá, él, pues,
de ese "aire" que, musicalmente, se resuelve sobre la
[cima del vacío
con el soplo que lo niega
desde la intimidad de un "demonio" y de un "ángel"
[a la vez?

Y era, ya, sólo, fluido, él
en el lugar de una angustia, por otro lado, de hielo,
al creer rehusarse
a su mismísimo hálito?

Y no le pudo tocar, entonces, no, no pudo,
la mirada de las nueve, en un agua, ya, de
[florecillas de lino
para toda melancolía...?

Oh, si le hubiera sido dado,

aún sonambúlicamente, y por un momento,
[descender hasta las hierbas...

Y las heridas del río,
tejiéndose, sobre sí mismas, una brisa de chispas,
a manera de hilas?

Y las palabras del pescador,
con más nácares, tal vez que los que aligeraba con su
[lámina...
y eso que aún emergía
del escalofrío?

Y esos pajarillos de no se sabe dónde, y sin rama,
[todavía
pero que quiebran su soledad
y cruzan, al hacerlo, la trama misma de un silencio
de alelíes que bajan?

Y el chico que llega, de arena, y en las tiras de la noche,
y debe subir el día
para beberse, acaso, solamente su coriza,
de vuelta de "los jardines"...
mas sonríe, aunque, es cierto, igual que desde una
pajilla que pisan...
sonríe, con todo, él, con todo, sí, sí,
a las vindicaciones del aire?

Y las espaldas que no terminan de sobrellevar, por ahí,
la ciudad esa,
que las despide, oportunamente, a sus orillas,

pero que no pueden menos de alzarse, ahora, hacia
[aquélla del fin
de las divisiones de vidrio:
aquélla del encuentro, y de la estrella de cada uno,
mas en las enredaderas que abrirían
todos, todos...?

....

Pero era el suyo, únicamente, el país del perder pie
en la ilusión de una nieve
que sólo permanecería...
o el que ha perdido, si se quiere, el fundamento
[de esas líneas
que lo equilibraban bajo las lluvias,
y debe entonces flotar, indefinidamente, flotar,
una maldición de Junio?
No es, asimismo, el país
del frío,
de un frío que no quiere saber, ya, del fastidio del azul,
y ha leído todo el iris...?
O el país
al que se le ha secado, de la noche a la mañana, el
[amor, el amor
que le sangraba en "el otro"...
o la fuente que, por otra parte, no cesaba de hilarle,
estelarmente,
la vigilia que lo trascendía,
y que le daba, aún,
gracias, precisamente, a los desflecamientos de las
[ráfagas,
ese sonido que cubre, al fin,
todo el viento?

Pasó a través de la noche...

Pasó a través de la noche...
Qué mujer o niña
pasó...?
Pasó con unos ojos de algas que querían
desprenderse de la profundidad
para flotar sobre la noche, sobre las
[vías de la noche?

Y de dónde esos ojos?
Venían, ciertamente, de las "veigas" que los vieron
mojar sombras de "paxariños",
allá,
y abrirles otras "follas" al rocío,
allá,
entre pestañas de "herbiñas"?

Pasó a través de la noche y bajó, ay, de la noche...

Sobre las vías del sueño,
unas algas...

Dejó, pues, ella, los ojos, sobre las vías del sueño?

Y qué hará, ella, por ahí,
qué hará,

sin esas niñas, propiamente, de verdín, que le daban
[el agua,
y daban agua?

O vendrá al sueño, vendrá, antes de que se sequen,
[ellas,
sin el agua, ahora, de ella?

Niña o mujer...
niña
que atravesó la noche y le abandonó para su viático
unas algas de sueño
por las que teme, ya, el sueño...

Vendrá, ella, vendrá, antes de que las queme
el mismo sueño?

Vendrá?

Grillo en Marzo

Oh, solo de Marzo,
qué nos quieres decir, así, tan persistentemente, así
por encima del nadie
que palidece...
o desde allí, donde se hacina, apenumbrándose, y
[parece tener frío, él,
a pesar de eso, frío, frío,
ya, frío?

Qué?...:
acaso que la flauta ha de asumir, crepuscularmente,
[el aire
que, sin aviso, no?
enajena a la eternidad
el silencio...

o que la propia caña, por otra parte, se debe a la
[vigilia o al peligro
de un hilo por quemarse
sobre las huellas mismas
de un ángel?

Qué...?
que la hebra de los llamados, desde los milenios,
[continúa

sin recogerse jamás,
jamás, frente a los precipicios...
y que si, a veces, no se oyen, no dejan, por eso, nunca,
[nunca, de tocar los oídos
que los esperan sobre la noche...?

Qué...:
que la gota, siempre, tiene el tiempo consigo
para hacer que crezcan
raíces sobre el éter, y ramas, ramas, debajo del abismo...
y todavía
para abrir las alas de la piedra...
o que, multiplicándose hasta la avenida, sigue ella
[conservando, últimamente, la palabra
sobre las siete murallas
o la muralla que amasan y cimentan, y aún, encalan,
[los huesos de los siglos
con cadenas, ay, todavía?

Qué?...:
que algo igual a una sonrisa atraviesa los límites
y es, quizás, una florecilla
que sobrevive, por el anochecer, a su tallo...
y sigue flotando, flotando, más allá de la llama y más
[allá de la ceniza,
desde el "centro", tal vez, de la "cinta",
y del otro lado del miedo
y del terror mismo,
porque sería, ahora, una con la serenidad, y la ligereza
[y la alegría,
en la "línea" que no ondea
ya?

La muchachita...

La muchachita va por el anochecer y es casi el hilo
por que respira el anochecer...

Inclinándose como él
y enceguecióndose como él...

Qué pena o niebla
le esconde, hasta a su adivinación, el caminito ese
[que debía
fluir su destino
aunque no palideciese ni contra el cerco
y eso que éste llegaba, fantasmalmente, a nevar
una aspiración al vacío,
o los vacíos,
mejor, de un sauce?

Ve muy poco pues ella, y ve muy poco esa agonía
de bruma
que le cuelga de los hombros o de líneas, ya,
[de aletas
la nada que desgarrarían...

Mas de improviso
se libera la congoja que ha debido de urgir
unas pupilas...

y las pupilas dividen y acercan y vuelven,
[infinitamente, a tejer,
pero en fosforescencias de aguapé,
los rocíos de la nebulosa,
y estos flotan, a la vez, en idas
y venidas,
y se inclinan, aún, a detallar en miopía
las sendas que refluyen luego de disuadir y
[disuadir
del río...

Y hela a ella con cabellos de algas que de sí ahora
[geman
ésas del exorcismo...
y helo a él, por asir de ese cielo a la mano
en que, por añadidura, derivan...
helo por asir
unas gotas más de verdín
para la diadema de esa Ofelia que frustrase y le
[devolviese, todavía,
el flujo, aún, de allí,
y en giros,
del enternecimiento que enjambrara, por otra
[parte, las animulas
de los anegadizos de arriba...
y helos, a los dos, después, a la luz
de la zarzaparrilla,
enteramente, al punto, de novia...

Y henos a nosotros preguntándonos si
no viene de luciérnaga, también, la poesía, cuando
[la oscuridad

nos va ciñendo, igualmente, el nudo
del llanto...
y si en la "transmutación", acaso, a nuestra alma no
[le baja o le revela
lo que la asiste
desde el éter o de ella misma,
y que le redescubre, ojeándole, aún, espectralmente,
las proximidades del hechizo
en la ronda que emite:
que le redescubre
las huellas de su "compromiso" con el ser
que no tiene límites
pero que la incluye al definirse a su nivel y espera
["aquí",
junto a su portillo
a que ella
de espaldas a las sirenas,
ocurra a darle el brazo, en seguida,
para asumir esos silencios siempre por cerrar, ay,
[sobre sí,
el de debajo la onda...
y ello antes del salto, está dicho...
hasta que, bajo un sereno de pestañas, empiecen a
[sentir
que como a los cardos, desde la raíz
del azul,
les sube el amanecer...
y hasta que en éste los timbres, contrapuntísticamente,
[les deslían
el del infinito mismo,
y les mojen la inmigración, todavía,
de unas vidalitas...

en el retorno a la voz de los encuentros en la orilla
del tiempo, de los hijos
del tiempo, que el tiempo, furtivamente, le libra…
pero de todos los hijos…
y de todo, en fin…

Preguntas a la melancolía

Qué tiempo del alma
es éste que en la tarde, infinitamente, transparece
unas islas?

O es Setiembre, sólo,
el que sueña sus espejos, abismándolos, aún,
al nivel del confín
que no termina, a su vez, de ser absorbido por el
[mismo
vacío?
Pero por qué se hunden
el verde y el celeste en la niñez... así:
por qué?
Por qué no vuelan, ellos, di, melancolía,
si tienen, ya, plumas...
por qué?

Y de dónde miras, tú, melancolía, si
misteriosamente,
al fin,
no parecen de aquí
ni los montes que recuerdan o que ansían o que
[olvidan
y que se sumen
al trasluz

de un espíritu, no? de agua
y de aire?

De qué hierbas, entonces, tus ojos de doncella, di,
melancolía
se azulan...
y se deslíen...
de cuáles?

Por qué ahora, te curvas y subes hasta casi abovedar
[la despedida,
aquélla,
que eterniza, ya, un río
y unas orillas...
por qué?
si tu pensamiento, niña, al fin, de savia, sólo habrá
[de anochecer,
y anochecer,
una palidez de yemas,
más allá de lo que, apenas, si amarillamente,
urdiese
tu penumbra
y tu brisa
para la misma trama, acaso, a que por la mañana, te
[avendrías,
al disolver tus hojillas
en esa pecera que abrirá pero hacia arriba
o de arriba,
la sublimación del rocío...?

Por qué, en tal caso, te vas como una Ofelia por la
[línea

de lo alto
o en la línea sólo de tu frente, o del desvío,
justamente, del halo
que ha de apurarte, luego,
el sueño de la clorofila o la diadema hasta después,
todavía,
de instilarte la primicia
de una malaquita...
por qué?
O es, por ventura, la unidad contigo misma
o con el flujo que te empina
y te alisa,
lo que te hace combar, así,
destacadamente,
el minuto...?

Sería, pues, esto, di,
melancolía,
di...?
O no tendrías nombre, ni necesariamente edad, ni
[esencia, pues serías
y no serías
en la continuidad de ese "aire"
que oscurece y se ilumina de lo íntimo
de la vida
a la vuelta de nada...
o cuanto más, lo creíble y simultáneamente, lo
[increíble
que no deja de vivir
y de morir
en la fe de una caña que carecería
de articulaciones, para asumir

por ahí,
la respuesta, sin tiempo, a las respiraciones, a la
[vez,
del cielo
y de los abismos...?
O no podrías ser, después de todo, el viso
que en la oscuridad, nuestra prisa
al borde del miedo,
nomina...:
ése de la mariposa de la descomposición y del horror
[que debe de latir,
por lo demás, la fuga
de todo el iris,
a costa, es cierto, de ellos, y quizás de una
[ausencia
sin secarse, aún,
aunque en un devenir
que los negaría, extrañamente, o si quieres,
que los niega,
así...
con tu desdén mismo
de criatura toda frente, y del otro lado, o por
[encima,
así,
de los junquillos?

Sabéis, amigos...

(Para Juan José Saer y Hugo Gola)

Sabéis, amigos, que he temido por la florecilla que se
[mirara a una lunita
de lluvia
creyendo que sólo recuperaría
"la niña"?

No llegará a jugar, así,
recelé
ese olvido que era subiendo únicamente,
[únicamente, el tiempo
de una deidad?

O la inclinara al cariño
que le transpareciera del añil, al
enjugarlo, todavía,
esa gracia que la evocara
de abajo
de entre la brisa que previamente le hilase
al enternecer el mantillo:
el cariño, después de todo, del hada
[del origen,
atrayéndola, ahora, de cáliz,
a otro abismo?:

la inclinara a ella, a ella, que no podría nunca oírse

por el tallo, aún, del minuto
en que tañía al dios o al soplo que le daba, es
[cierto, unas raicillas
de noche
para miniar, acaso, unos cintilamientos, a la vez,
sobre esa profundidad que como todo, no concluía
de abrir el baldío?

O simplemente sería
el junquillo aquel
que se devuelve en junquillo, únicamente, en junquillo,
del amor del cielo?
Y más en él, luego,
una figulina entre las figulinas de unas aguas de luces
que le sonreirían, de pie,
multiplicándole la sonrisa hasta ese fin
de llamita de falena?:
Una vanidad, entonces, de orilla,
en una quimera que llegaría, consecutivamente, a
[reducirse a un aleteo
apenas, ay, de bujía?

Me has sorprendido...

Me has sorprendido, diciéndome, amigo,
que "mi poesía"
debe de parecerse al río que no terminaré nunca, de
[decir...

Oh, si ella
se pareciese a aquel casi pensamiento que accede
hasta salir
en un amanecer, se dijera, de abanico,
con el salmón del Ibicuy...:
sobre su muerte, así,
abriendo al remontarlo, o poco menos, las aletas del
[día...

Seguiría mejor eso que mide
su silencio, y de que, al fin de cuentas, parejamente,
[es hija...

Y acaso recién podría
comprometer a las nubes que le sueñan su extravío
entre dos cielos,
también...
y atender unas orillas
que quisiese, como él, llevar consigo,
sobre todo, esa melancolía

de espinillos
que, igualmente, se le retira
para asumirles lo que, como a los
[otros, hacia el filo
de la tarde, ni las sílabas
que los han inquirido, aladamente, deslíen...
Y habría de bautizar, a su semejanza, la sombra que
[llegase a esa su rima
de Jordán, en subida
desde la sal en que hubo, lunarmente, de morir,
para hacer así,
según lo hiciese con él, y en celeste
de amanecida...
para hacer, otra vez, la vida...

O quizás, por qué no? pudiera mirar con azahares,
[asimismo,
la angustia,
cuando, tras las guirnaldas de golondrinas,
que él abismase,
sólo la mirara, parecidamente,
el frío...
o envolverla, aún, como en una presencia cuya
[línea
resumiría las líneas...
para ver de que advirtiera, en la iluminación, la
[última o la prima
en un centelleo de cíngulo
de esa alba que, de adentro, y tal la soledad
[que, de súbito sería
al azar restituida,
pero evoca, providencialmente, de sí,

el cisne,
ella, la angustia del gris,
habría investido...

Preguntas al cielo

Qué relación la tuya, oh cielo que extasías
un aura de hojillas
en nimbo
de primaveras de éter con el cual, acaso, un elegido
te quisiera redimir
del destino de abajo y del destino
de arriba...
y cuál, di, la de ese tu silencio que trasluce
a tus pies
unos secretos de ceniza
que, se dijera, tú, aún no sabías
pero que libras
a la piedad, entonces, si cabe, de lo íntimo
de las lejanías
en unas urnas de islas...:
qué relación, pues, la vuestra, con esta recidiva
de setiembre, mía,
en algo que me une, casi mortalmente, a un imposible
de tiempo, que alguien,
en una religiosidad de oro, desearía
salvar, también, antes de que,
de encima
de él o del seno de él,
empiece como a negarlo en la figura o las figuras
[de una brisa,

una ilusión, al cabo, de siempre-vivas?
Y qué, aún tu mirada, ésa de nilo
en iris
de nenúfares que, amarillamente, y del siempre,
[alguna ninfa
de Isis,
transfigurándolos, suspendería...
qué, con las pupilas
que a través de los ojos que las llorasen a mi lado,
[todavía
me miran
desde el azoramiento en rocío
de la gatita (reíos)
al cubrir
los desechos, ya, de su cría,
y frente al tiro,
poco menos que de gracia que, a pedido
de la "graciocilla"
en celos de jurisdicción, y sin envaine, ay, Lamartine,
ultimase en mí,
simultáneamente, y hasta cuándo? la amapola,
[ésa, que asiste
a los párpados del cariño...
o la mano, si quieres, de hermanita:
la que desvía,
a lo largo de los azares que nos enajenan la vigilia
a lo desconocido...
la que desvía
de los signos
que nos traen del jamás las interrogaciones por
[hundirse,
ya, de las despedidas,

y nos devuelven, en seguida,
nuestra respuesta, hecha estrellitas,
contra el vacío…?
Y qué, por último, lo que así
te sacraliza
un anhelo de verdín…
qué con el latido
que no deja de dolerme, no, ni en esa palidez de
[clorofila
que, uno contigo, me orifica
también el suspiro
hacia no sé qué halo en no sé qué equilibrio
fuera, se creyese, de la circulación que desde las
[profundidades
me ritma
y hasta me responsabiliza,
al par que de lo mínimo y aún de lo invisible
asiéndose con desesperación a su sueño sobre el fin,
precisamente, de su pesadilla…:
al par que de ellos,
de la sangre sin nombre en la que abren, al abrirla,
con el relámpago de por ahí,
el asombro de vivir
el espanto de morir…
y de aquélla de pie, aunque en la maldición asimismo
desde la matriz:
de aquélla que al saltar, bajo las ráfagas, sus
[lindes,
no puede, tras de las hamadríades
de la complicidad que la llamaron y el rescate o los
[rescates a la vista…
no puede aspirar, todavía,

la edad, ésa, en el aire que ya dora las agujas
y que la amanecerá en junquillos
aún, al transfundirla, ahora, justamente, a su
[camino:
la de su color en el minuto
éste de la aureola que, al parecer, lo santifica...
y ello, inclinándose hacia las minas
de los espíritus
en un reflejo de Ophires...
alzándose sobre sí y despertando con eso los soles de
[sus cimas
o los rayos de la analogía...
y desplegando sus cabellos por el vértigo, y así
ondulando la arenilla
de los Pactolos del infinito...?

Qué relación, entonces, aún en la contradicción o en
[el atrás, todavía,
de tu espejo... qué
con unos hálitos
que ni siquiera, quizás, han de agrisarlo,
de, acaso, un Narciso
que, frente al agua, esta vez, sólo habrá de
[repetirlos?

Pero sigues y sigues
sin responderme, tú, ni por medio de los guiños
que gotea, ya, el lucerillo?
Eres un jardín
en pena
al que condenase a sonreír
una ausencia que fuera, a la vez, un dios en devenir

entre las agonías
o naciendo cuando éstas hubieran ya
[sudado su camino
y se negasen a sí?
O es ese último de agua-marina
perdiéndose en un espectro de celeste el único
[en que puedes
algo decirme...
o con el que, mejor, puedes invocar a tu abismo,
pues más que responder preguntarías, a tu vez
lo que eres tú mismo
en el minuto
de tu mudez llamando al círculo
que en un misterio de resplandor ha de rodearlo y
[sugerirle
su sentido
antes de que fosforesca
y de que, luego, extinguiéndose en el viento que a
[todos nos extingue,
dé en una de campanillas
de islas
que flotarán, parpadeando, la iluminación de aquel
[país
que casi hemos conocido
y desconocido...
hasta que el mismo
viento, como a nosotros, hacia afuera, también,
[habrá de despedirte,
en la alternación, todos, de ese río
que la unidad respira...
mas, por nuestra parte, sin dejar –has de
[presumirlo–

nunca de oír
los gritos
que se prenden a las raíces
o claman desde la orilla
de lo incomprensible:
río del que, si se le interroga, no cabe esperar
[contestación, semejante a esa vía
cuya aventura es sólo vía...
Pero tú vas, al cabo, a entrar en ti,
aunque a la deriva,
con el regreso del antes mas, a la verdad, en lo
[incomparable de la dicha
identificándose a las otras, a la vez,
sobre unos linos
como de familia...
E igual que nosotros el amor requerirías
para el secreto de la visita
y la restitución, en una luz, de lo uno, a pesar
[de que esa luz
carboniza...
Y ha de ser, igualmente, la participación, la que, de
algún modo, has de cumplir...
y la separación misma
la llevará consigo cual si fuese una semilla
de ese árbol que ha de abrir
simultáneamente, un día,
las hojas de su vuelo y las de su caída...
Pues que habrás de saber, tú, que, aisladamente,
[nada existe:
que esa lisura
de un más allá de yemas no puede sino descubrir
[escalofríos

que, cósmicamente, la exceden...
que lo ardido y lo subido
no pueden pasar sin el amianto ni la hondura de los
[limos...
que hasta la deidad, sí,
tiene una sombra de frío...
que el mutismo
del ser no puede, tampoco, desembarazarse del rumor
[a cuyo origen,
desde el cubil,
tendemos, por nuestra parte, el oído...

Pero es el caso –me dirás– que tú me has atribuido
un circuito
que acaso no es más que ese "hado" que asimilan
a lo intransferible
de un peaje debajo de mis giros:
que quizás
es el de una peripecia que te atañe en cuanto te da
[casi las líneas
de la apertura a que aspiras...
Mas yo no tengo nombre, al fin...
y aunque todo está en todo y el envés y el revés
te rezara para mi
rostro si él no fuese, por una eternidad, su propia
[huida,
tú no podrías referir
las series de una pasión que, occidentalmente, se
[ensangrienta aún por
firmarlas,
desde siglos...
referirlas

a lo anónimo que deslíe
las noches y los días,
con antelación a ellos, si tú me lo permites...
y con antelación, entonces, al paraíso
de ustedes, bien que éste, lo sepa, es cierto, por la
[maldición de esa porfía
que me rubrica
el más allá, ahora, de mí mismo...

Tal me dirías...
pero el véspero, sólo, lagrimea las primicias
de una nevada de mirtos
en, acaso, una reserva de Citeres sobre el ruido
o los ruidos
que, con el sacrilegio de los míos,
habrán de espumarles, indiscretamente, asimismo,
los arribos...

Amiga...

Atravesando las disputas, o mejor, las disputillas,
no oíste
que los pájaros cantaban, cantaban por el corazón de
[la lluvia?
Yo los sentí...
Perdón, perdón, por no habértelo,
[oportunamente, dicho...
Oh si también los hubieras oído...
Es probable que, entonces, nos hubiéramos hallado en
[lo que es más
que la alegría
por ahí,
entre fibras de arpas, a una, pero en uno, los dos,
[con la caída
o la subida
en suspensión de la urdimbre hacia el tejido
que tramaban, infinitamente, los otros melodistas
del agua, en la línea
de flotación, al parecer, de los aires...

Dónde, pues, nuestro olvido
contado, líquidamente, en los rosarios de unos
[geniecillos
y respirado encima
en todas las familias de las flautas y en los tallos
[todavía,

de lo desconocido
pasándoles y sobreponiéndoles y complicándoles, aún,
[en una suerte de imposible
de hilos?

Dónde, mi amiga,
a un infinito
de la siesta, aunque más bien en ella, pues ahora,
[disminuida
de sus láminas,
era ella la que daba en cruzar, así,
y desleír, así,
esos números de los silfos...
y en un acuerdo tal de pulsaciones y de hálitos, que
[haría
bailar ya sin pies
a Diciembre mismo?

Dónde, mi amiga,
a un infinito
de la gravedad, sí, que a pesar nuestro, fue,
[ciertamente, la que hizo
que nos desencontráramos un minuto?

Dónde, mi amiga...?

Esta edición se terminó de imprimir
en mayo de 2012 en Impresiones Sud América
Andrés Ferreyra 3767/69
Ciudad Autónoma de Buenos Aires